——乡村振兴特色优势产业培育工程丛书

中国南疆核桃产业发展蓝皮书

（2022）

中国乡村发展志愿服务促进会 组织编写

中国出版集团有限公司
研究出版社

图书在版编目(CIP)数据

中国南疆核桃产业发展蓝皮书(2022)/中国乡村发展志愿服务促进会组织编写. -- 北京：研究出版社，2023.6
ISBN 978-7-5199-1501-8

Ⅰ.①中… Ⅱ.①中… Ⅲ.①核桃–果树业–产业发展–研究报告–新疆 Ⅳ.①F326.13

中国国家版本馆CIP数据核字(2023)第094999号

出 品 人：赵卜慧
出版统筹：丁　波
责任编辑：范存刚

中国南疆核桃产业发展蓝皮书（2022）

ZHONGGUO NANJIANG HETAO CHANYE FAZHAN LANPI SHU (2022)
中国乡村发展志愿服务促进会　组织编写
研究出版社 出版发行
（100006　北京市东城区灯市口大街100号华腾商务楼）
北京中科印刷有限公司印刷　新华书店经销
2023年6月第1版　2023年6月第1次印刷
开本：710毫米×1000毫米　1/16　印张：5.75
字数：100千字
ISBN 978-7-5199-1501-8　定价：48.00元
电话（010）64217619　64217652（发行部）

版权所有·侵权必究
凡购买本社图书，如有印制质量问题，我社负责调换。

乡村振兴特色优势产业培育工程丛书编委会

顾　　问：陈锡文　匡廷云　印遇龙　闵庆文
主　　任：刘永富
副 主 任：王家华　李振生　王明山　李守山　张梦欣
　　　　　赵国君
成　　员：（按姓氏笔画排序）
　　　　　王　强　王凤忠　王芬芬　毛永民　邓　煜
　　　　　冯纪福　刘玉红　李　亚　李　华　李绍增
　　　　　李润露　沈世华　张　强　张学斌　张跃进
　　　　　陈永浩　欧宏新　罗晓林　周新平　赵国柱
　　　　　俞　宁　魏　霞

本书编写人员

主　　编：张　强　陈永浩
副 主 编：齐建勋　黄闽敏　张赟齐　宁万军
编写人员：（按姓氏笔画排序）
　　　　　王陈艳　宁万军　齐建勋　张　强　张赟齐
　　　　　陈永浩　孟盟盟　徐梦婷　黄闽敏

本书评审专家

（按姓氏笔画排序）

马　焘　严　颖　李文林　闵庆文　郝艳宾　裴　东

编写说明

习近平总书记十分关心乡村特色优势产业的发展，作出一系列重要指示。2022年7月，习近平总书记在新疆考察时指出："要加快经济高质量发展，培育壮大特色优势产业，增强吸纳就业能力。"2022年10月，习近平总书记在陕西考察时强调："产业振兴是乡村振兴的重中之重，要坚持精准发力，立足特色资源，关注市场需求，发展优势产业，促进一二三产业融合发展，更多更好惠及农村农民。"2023年4月，习近平总书记在广东考察时要求："发展特色产业是实现乡村振兴的一条重要途径，要着力做好'土特产'文章，以产业振兴促进乡村全面振兴。"党的二十大报告指出："发展乡村特色产业，拓宽农民增收致富渠道。巩固拓展脱贫攻坚成果，增强脱贫地区和脱贫群众内生发展动力。"

为认真贯彻落实习近平总书记的重要指示和党的二十大精神，中国乡村发展志愿服务促进会认真总结脱贫攻坚期间产业扶贫经验，启动实施"乡村特色优势产业培育工程"，选择油茶、油橄榄、核桃、杂交构树、酿酒葡萄，青藏高原青稞、牦牛，新疆南疆核桃、红枣9个特色优势产业进行重点培育。这9个产业，经过多年的发展，都具备了加快发展的基础和条件。不失时机地采取措施，促进高质量发展，不仅是必要的，而且是可行的。发展木本油料，向山地要油料，加快补齐粮棉油中"油"的短板，是国之大者。发展杂交构树，向构树要蛋白，加快补齐肉蛋奶中"奶"的短板，是国之大者。发展青藏高原青稞、牦牛和新疆南疆核桃、红枣，加快发展西北地区葡萄酒产业，是脱贫地区巩固拓展脱贫攻坚成果和实现乡村产业振兴的需要，也是增加农民特别是脱贫群众收入的重要措施。中国乡村发展志愿服务促进会将动员和聚合社会力量，通过培育重点企业、强化科技支撑、扩大市场销售、对接金融资源、发布蓝皮书等工作，服务和促进9个特色优势产业加快发展。

发布蓝皮书是培育工程的一项重要内容，也是一项新的工作，旨在普及产业知识，反映产业状况，推广良种良法，介绍全产业链开发的经验做法，营造产业发展的社会氛围，促进实现高质量发展。我们衷心希望，本丛书的出版发行，能够在这些方面尽绵薄之力。丛书编写过程中，得到了各方面的大力支持。我们诚挚感谢所有参加蓝皮书编写的人员，感谢在百忙之中参加评审的专家，感谢为丛书出版提供支持的出版社和各位编辑。由于是第一次组织特色优势产业蓝皮书的编写，缺乏相关经验和参考，加之水平有限，疏漏谬误在所难免，欢迎广大读者批评指正。

丛书编委会

2023年6月

代 序

乡村振兴特色优势产业培育工程实施方案

中国乡村发展志愿服务促进会

2022年7月11日

民族要复兴,乡村必振兴。脱贫攻坚任务胜利完成以后,"三农"工作重心历史性转到全面推进乡村振兴。为贯彻落实习近平总书记关于粮食安全的重要指示精神,落实《国家乡村振兴局 民政部关于印发〈社会组织助力乡村振兴专项行动方案〉的通知》(国乡振发〔2022〕5号)要求,中国乡村发展志愿服务促进会(以下简称促进会)认真总结脱贫攻坚期间产业扶贫经验,选择油茶、油橄榄、核桃、酿酒葡萄、杂交构树、青藏高原青稞、牦牛、新疆南疆核桃、红枣9个特色优势产业进行重点培育,编制《乡村振兴特色优势产业培育工程实施方案》(以下简称《实施方案》)。

一、总体要求

(一)指导思想

以习近平新时代中国特色社会主义思想为指导,全面贯彻习近平总书记关于"三农"工作的重要论述,立足新发展阶段,贯彻新发展理念,构建新发展格局,落实高质量发展要求。按照乡村要振兴、产业必先行的理念,坚持"大食物观",立足不与粮争地,坚守18亿亩耕地红线,本着向山地要油料、向构树要蛋白的思路,加快补齐粮棉油中"油"的短板、肉蛋奶中"奶"的短板,持续推进乡村振兴特色优势产业培育工程。立足帮助优质农产品出村进城,不断丰富市民的"米袋子""菜篮子""果盘子""油瓶子",鼓起脱贫地区人民群众的"钱袋子"。立足推动农业高质高效、乡村宜居宜业、农民富裕富足,为全面推进乡村振兴、加快农业农村现代化提供有力支撑。

（二）基本原则

——坚持政策引导,龙头带动。以政策支持为前提,积极为产业发展和参与企业争取政策支持。尊重市场规律,发挥市场主体作用,择优扶持龙头企业做大做强,充分发挥龙头企业的示范带动作用。

——坚持突出重点,分类实施。突出深度脱贫地区,遴选基础条件好、带动能力强的企业,进行重点培育。按照"分产业、分区域、分重点"原则,积极推进全产业链发展。

——坚持科技支撑,金融助力。加强对特色优势产业发展的科研攻关、科技赋能作用,促进科研成果及时转化。对接金融政策,促进企业不断增强研发能力、生产能力、销售能力。

——坚持行业指导,社会参与。充分发挥行业协会指导、沟通、协调、监督作用,帮助企业加快发展,实施行业规范自律。充分调动社会各方广泛参与,"各炒一盘菜,共办一桌席",共同助力产业发展。

——坚持高质量发展,增收富民。坚持"绿水青山就是金山银山"理念,帮助企业转变生产方式,按照高质量发展要求,促进产业发展、企业增效、农民增收、生态增值。

（三）主要目标

对标对表国家"十四五"规划和2035年远景目标纲要,设定到2025年、2035年两个阶段目标。

——到2025年,布局特色优势产业培育工程,先行试点,以点带面,实现突破性进展,取得明显成效。完成9个特色优势产业种养适生区的划定,推广"良种良法"，建设一批生产基地。培育一批龙头企业、专业合作社和家庭农场等市场主体，建立重点帮扶企业库，发挥引领带动作用。聘请一批知名专家，建立专家库，做好科技支撑服务工作。培养一批生产、销售和管理人才，增强市场主体内生动力，促进形成联农带农富农的帮扶机制。

——到2035年，特色优势产业培育工程形成产业规模，实现高质量发展。品种和产品研发取得重大突破，拥有多个高产优质品种和市场占有率高的产品。种养规模与市场需求相适应，加工技术不断创新，产品质量明显提升，销售盈利能力不断拓展，品牌影响力明显增强。拥有一批品种和产品研发专家，一批产业发展领军人才和产业致富带头人，一批社会化服务专业人才。市场主体发展壮大，实现一批企业上市。联农带农富农帮扶机制更加稳固，为共同富裕添砖加瓦，作出积极贡献。

二、重点工作

围绕特色优势产业培育工程目标，以"培育重点企业、建立专家库、实施消费帮、搭建资金池、发布蓝皮书"为抓手，根据帮扶地区自然禀赋和产业基础条件，做好五项重点工作。

（一）培育重点企业

围绕中西部地区，特别是三区三州和乡村振兴重点帮扶县，按照全产业链发展的思路遴选一批产业基础好、发展潜力大、创新能力强的企业，建立重点帮扶企业库，作为重点进行培育。对有条件的龙头企业，按照上市公司要求和现代企业制度，从政策对接、金融支持、消费帮扶等方面进行重点培育，条件成熟的推荐上市。

（二）强化科技支撑

遴选一批品种研发、产品开发、技术推广、工艺研究等方面的专家，建立专家库，有针对性地对制约产业发展的"卡脖子"技术难题进行联合攻关。为企业量身研发、培育种子种苗，用"良种良法"助力企业扩大种养规模。加强产品研发攻关，提高产品品质和市场竞争力。充分发挥企业家在技术创新中的重要作用，鼓励企业加大研发投入，承接和转化科研单位研究成果，搞好技术设备更新改造，强化科技赋能作用。

（三）扩大市场销售

帮助企业进行帮扶产品认定认证，给帮扶地区产品提供"身份证"，引导销售。利用促进会"帮扶网""三馆一柜"等平台和载体，采取线上线下多种方式销售。通过专题研讨、案例推介等形式，开展活动营销。通过每年发布蓝皮书活动，帮助企业扩大影响，唱响品牌，进行品牌销售。

（四）对接金融资源

帮助企业对接国有金融机构、民营投资机构，引导多类资金对特色优势产业培育工程进行投资、贷款，支持发展。积极与有关产业资本合作，按照国家政策规定，推进设立特色优势产业发展基金，支持相关产业发展。利用国家有关上市绿色通道，帮扶企业上市融资。

（五）发布蓝皮书

组织专家编写分产业的特色优势产业发展蓝皮书。做好产业发展资料收集、整理、分析工作，加强国内外发展情况对比分析，在总结分析和深入研究的基础上，按照蓝皮书的基本要求组织编写，每年6月前对外发布上一年度产业发展蓝皮书。

三、保障措施

（一）组建项目组

促进会成立项目组，制定《实施方案》并组织实施。项目组动员组织专家、企业家和有关单位，分别成立9个项目工作组，制定产业发展实施方案并组织实施。做好产业发展年度总结，编写好分产业特色优势产业发展蓝皮书。

（二）争取政策支持

帮助重点龙头企业对接国家有关产业政策、产业发展项目。协调相关部门，加大帮扶工作力度，争取将脱贫地区重点龙头企业的产业发展规划纳入国家有关部门和有关地区的专项发展规划并给予支持。争取各类金融机构对重点帮扶龙头企业给予贷款、融资优惠，助力重点帮扶企业加快发展。

（三）坚持典型引领

选择一批资源禀赋好、发展潜力大、市场前景广的种养基地作为示范种养典型，选择一批加工能力精深、技术先进、效益良好的龙头企业作为产品加工示范典型，选择一批增收增效、联农带农富农机制好的市场主体作为联农带农富农典型。通过典型示范，引领特色优势产业培育工程加快发展。

（四）搞好社会动员

建立激励机制，让热心参与特色优势产业发展的单位和个人政治上有荣誉、事业上有发展、社会上受尊重、经济上有效益。加强宣传工作，充分运用电视、网络等多种媒体，加大舆论宣传推广力度，营造助力特色优势产业培育工程的良好社会氛围。招募志愿者，创造条件让志愿者积极参与特色优势产业培育工程。

（五）加强协调促进

充分利用促进会在脱贫攻坚阶段取得的产业发展经验和社会影响力，协调脱贫地区龙头企业对接产业政策，动员产业专家参与企业技术升级和产品研发，衔接金融资源帮助企业解决资金难题。发挥行业协会的积极作用，按照公开、透明、规范要求，帮助企业规范运行，自我约束，健康发展。

四、组织实施

（一）规范运行

在促进会的统一领导下，项目组和项目工作组根据职责分工，努力推进9个特色优势产业培育工程实施。项目组要根据产业特点组织制定专家库、重点帮扶企业库的建设与管理办法、产业发展培育项目管理办法，包括金融支持、消费帮扶、评估评价等办法，做好项目具体实施工作。

（二）宣传发动

以全媒体宣传为主，充分发挥新媒体优势，不断为特色优势产业培育工程实施营造良好的政策环境、舆论环境、市场环境，让企业家专心生产经营。宣传动员社会各方力量，为特色优势产业培育工程建言献策。

（三）评估评价

发动市场主体进行自我评价，通过第三方调查等办法进行社会评价。特色优势产业培育工程项目组组织有关专家、行业协会、企业代表，对9个特色优势产业发展情况、市场主体进行专项评价。在此基础上，进行评估评价，形成特色优势产业发展年度评价报告。

CONTENTS 目录

第一章
南疆核桃产业发展现状 / 001

第一节　国内核桃产业发展现状 ·················· 002
　一、新疆 ·················· 002
　二、其他省份 ·················· 003

第二节　南疆核桃产业发展现状 ·················· 006
　一、核桃种植情况 ·················· 006
　二、加工利用情况 ·················· 006
　三、进出口贸易情况 ·················· 007
　四、南疆核桃产业发展与乡村振兴 ·················· 008
　五、南疆核桃产业发展中存在的问题 ·················· 009

第二章
核桃品种与品种选育 / 013

第一节　南疆生态地理条件 ……………………………………… 014
第二节　新疆核桃产业品种应用现状 …………………………… 014
第三节　存在的主要问题及原因分析 …………………………… 016

第三章
核桃栽培与管理 / 017

第一节　南疆各县市核桃栽培管理现状 ………………………… 018
第二节　存在的主要问题及原因分析 …………………………… 022
　　一、间作模式对核桃产量和品质的影响 …………………… 022
　　二、水肥投入难以满足核桃的正常生长发育 ……………… 022
　　三、生产技术难以满足现代化核桃种植园的需要 ………… 023
第三节　核桃种植典型案例 ……………………………………… 023
　　一、高产园管理措施 ………………………………………… 023
　　二、低产园管理措施 ………………………………………… 024

第四章
核桃精深加工 / 025

第一节　南疆核桃主产区各县市核桃加工企业现状 …………… 026
第二节　南疆核桃精深加工优势和特点 ………………………… 030

一、原料优势	030
二、政策优势	030
三、科技优势	031

第三节　南疆核桃精深加工存在的主要问题及原因分析 … 032
　　一、南疆核桃产业的加工能力不足 … 032
　　二、核桃精深加工及综合利用水平低 … 033
　　三、加工技术应用推广不足 … 033

第四节　核桃精深加工发展趋势分析 … 034
　　一、核桃营养健康产品发展规模分析 … 034
　　二、核桃副产物的综合利用发展趋势分析 … 035

第五章
核桃种植生产与精深加工机械化应用　/039

第一节　南疆核桃生产机械化应用现状 … 040
　　一、植保机械 … 040
　　二、施肥机械 … 041
　　三、整形修剪机械 … 042
　　四、采收机械 … 042

第二节　南疆核桃精深加工机械现状 … 043
　　一、核桃初加工技术装备水平不高，规模化程度低 … 043
　　二、精加工低损及智能化技术装备不足 … 044
　　三、鲜果贮藏保鲜及原果采后杀虫技术装备缺乏 … 044
　　四、深加工工艺技术不成熟 … 045

第三节　存在的主要问题及原因分析 … 045
　　一、种植模式宜机化程度低，制约机械化发展 … 045

二、核桃大面积种植，主产区优势弱化，品质下降 …………… 046

三、核桃园管理粗放，果品一致性差，可加工率低 …………… 046

四、核桃机械化技术发展滞后、供给不足 ……………………… 046

五、农机购置补贴力度有限 ……………………………………… 047

六、林果业标准化发展滞后，影响林果业产品的质量 ………… 047

第六章

核桃市场营销 / 049

第一节　南疆核桃市场营销现状 ………………………………… 050

一、南疆大型企业进入内地市场形成市场开拓新主体 ………… 050

二、市场开拓极大地推动自治区内生产基地不断升级 ………… 051

三、市场开拓进一步提升南疆优质核桃的品牌影响力 ………… 051

四、市场开拓充分保证了农民收入的不断提高 ………………… 052

第二节　存在的主要问题及原因分析 …………………………… 052

第三节　南疆核桃市场营销发展方向和趋势 …………………… 053

一、加强品牌建设，提升产品质量 ……………………………… 053

二、打造地区品牌，实现品牌与目标市场的有效对接 ………… 054

三、打造南疆核桃产业品牌 ……………………………………… 054

四、利用大数据实现品牌的精准培育，提高品牌竞争力 ……… 054

第七章

对策及建议 / 057

第一节　核桃品种与种植生产 …………………………………… 058

一、坚定不移地推进核桃品种良种化 ………………………… 058
　　二、实行核桃生产直补政策 …………………………………… 058
　　三、积极推进标准化生产，提高机械化水平 ………………… 059
第二节　核桃精深加工 ……………………………………………… 059
　　一、把控核桃深加工原材料品质 ……………………………… 060
　　二、持续推进核桃精深加工和副产品综合利用 ……………… 060
　　三、加快培育南疆核桃精深加工龙头企业 …………………… 061
第三节　核桃市场培育 ……………………………………………… 062
　　一、多措并举，加大市场开拓力度 …………………………… 062
　　二、积极宣传推介——扩大影响力和知名度 ………………… 063
　　三、加大对专业合作社和林果专业技术社会化服务的扶持 …… 064

附件 ………………………………………………………………… 065
参考文献 …………………………………………………………… 066
后记 ………………………………………………………………… 070

第一章 CHAPTER 1

南疆核桃产业发展现状

第一节　国内核桃产业发展现状

核桃是我国重要的木本油料树种,近年来核桃产业在我国发展较快,种植面积、产量均稳居世界第一。作为特色优势农产品,核桃在增加农民收益、产业扶贫、生态建设等方面发挥了重要作用,是脱贫攻坚和美丽乡村建设中不可或缺的树种。

经过十多年发展,我国核桃已经逐渐形成四大栽培区域,即西南区(云南、四川、贵州、重庆、西藏、广西)、西北区(新疆、陕西、甘肃、青海、宁夏)、黄河中下游及环渤海区(吉林、辽宁、北京、河北、天津、山东、山西、河南)、中部区(安徽、江西、湖北、湖南)。据国家林业和草原局最新统计数据,截至2021年,我国核桃栽培面积接近1.2亿亩,产量为540.35万吨,种植面积、产量均稳居世界第一。

核桃大省种植面积排行(万亩):云南(4300)>四川(1691)>陕西(1137)>山西(890)>贵州(611)>新疆(580)>甘肃(565.5)>河北(413)。

产量排行(万吨):云南(159.86)>新疆(119.69)>四川(88.85)>山西(39.66)>陕西(36.78)>河北(18.22)>河南(17.54)>山东(13.07)>甘肃(12.86)。

新疆与其他省份主栽品种、优劣势分析如下:

一、新疆

优势:新疆核桃主要种植在南疆,以阿克苏地区、喀什地区、和田地区为主。南疆地区立地条件好,有完善的水利设施、工业污染少、光照时间长、有效积温高、昼夜温差大、生长季降雨少、空气干燥,利于果实成熟,又能抑制病虫害滋生;果品品质上乘,良种使用率>80%,形成以良种'温185'+'新新2'(75%)、'扎343'+'新丰'为代表的两套主栽配套品种,单产水平全国领先(平均单产约190千克），效益良好；机械化生产程度较高，表现在近年来在修剪、采摘、脱皮、清洗、烘干、分级、破壳等方面机械化使用率较高，白仁率提高、空壳率降低，质量明显提升，得到客商普遍认可；核桃由零散种植向着规模化、集约化方向转变，栽培管理都严格按照技术规程要求进行，为林果加工业提供了可靠的原料来源和品质保证，具有显著的规模优势。总的来说，适合核桃生长发育的气候条件、土壤通气透水性良好和灌溉供水等栽培条件，以及鼓励核桃发展的产业政策，使得新疆核桃产业发展呈现独特优势。

劣势：在田间管理方面，农民对核桃的田间管理水平较低，商品意识有待提高，分散的农户不愿意过多地投入，按照传统的方式种植，水肥措施跟进不及时、不稳定，一定程度上影响了核桃产量和质量的提高；在修剪与采收方面，果园多数为家庭式经营，缺乏科学的修剪技术，果实采收不及时；在生产加工方面，现阶段以初加工为主，精深加工能力有限；在物流运输方面，核桃主要以陆运为主，从产地运至内地城市，平均运费高于800元/吨，运输成本较高；在品牌建设方面，缺乏知名度较高的名牌，未形成基于地理标志的统一品牌认知，核桃销售仍以原果销售为主，产品附加值较低。

主要栽培区：南疆地区的阿克苏、和田、喀什。

2019年阿克苏、和田、喀什三地核桃产量分别为43.81万吨、27.72万吨、27.9万吨，2020年阿克苏、和田、喀什三地核桃产量分别为49.08万吨、31.9万吨、29.32万吨，三大主要产区核桃产量保持平稳增长的态势。

二、其他省份

（一）云南

优势：云南省核桃发展历史悠久，种质资源丰富，已有资源圃收集深纹核桃种质资源1931种；云南省种植规模优势明显，截至2020年末，云南省核桃种植面积达4303万亩，产量148万吨；核桃产值412亿元，其中第一产业约占50%、第二产业约占30%、第三产业约占20%，核桃产业氛围初步形成；核桃加工企业较多，有核桃企业780余家，龙头企业123家（其中国家级2家）；建成核桃初加工机械一体化生产线21条,可日处理鲜核桃850吨,日产干核桃230吨;产业多重效应明显,组建核桃专业合作社1315个,涉及4.5万多名农户;由研究院、专业合作社加工企业、营销团体等组成核桃产业协会,实现了科研院所、企业和果农的协同发展。

劣势:云南多山区,立地条件差,核桃种植采收成本高;干旱造成减产、品质下降,商品率低;管理粗放,在种植过程中,没有分区分类建立与品种相适应的精准种植、管护和技术推广机制,在种植、加工以及核桃质量检验等环节也缺乏较为严格统一的标准,影响核桃后续加工中的品质稳定性;核桃产业加工体系不完善,2020年核桃产品加工比例低,约占初果总产量的20%;加工工艺与先进水平还有较大差距,核桃利用率低,开发严重滞后;产业融合发展程度低,尚未形成种植、加工、销售、旅游等一体化核桃融合发展体系;核桃品牌影响力弱;核桃销售网络和体系不够健全,迄今云南还没有上规模的核桃交易场所。

主要栽培区:大理、临沧、楚雄、丽江、香格里拉、玉溪。

传统优良品种:'漾濞泡核桃'、大姚'三台核桃'、昌宁'细香核桃'、华宁的'大白壳核桃'等泡核桃;'圆菠萝核桃''娘青夹绵核桃''桐子果'等夹绵核桃。

云南省著名的核桃之乡大理漾濞县,2020年核桃种植面积7.1万公顷,产量达5.17万吨,产值达7.48亿元。

(二) 四川

优势:四川地处核桃与泡核桃的交界分布区,区内核桃资源丰富、分布范围广泛,是全国核桃的重要产区。四川气候适宜,雨水充足,非常适合核桃生长。四川省核桃种植面积多年居全国第二位,仅次于云南省,核桃坚果产量也多年居全国第三位。

劣势:立地条件较差,多山区、丘陵,劳作强度大,机械化程度低,病虫害多发,湿度大,产品存储运输难把控。在品种方面,主栽品种较为单一。目前,全省主栽品种主要是'盐源早'和'硕星'。但'盐源早'和'硕星'干果的壳都较厚，商品性状（外观和品质）和市场竞争力有限，且'盐源早'在一些海拔较高产地的空壳和不饱满率较高，而'硕星'的病害比较严重，总体亩产量偏低。川北地区的巴中和达州，以及川西高山峡谷区的甘孜州和阿坝州，目前仍无适宜的主栽品种。在加工方面，四川省面临精深加工不够，缺乏知名品牌和有产业带动能力的规模企业，产能不大，产业发展较困难的问题。

主要栽培区：广元、凉山、巴中、绵阳。

主栽品种：'盐源早'、'清香'（凉山州）、'旺核2号'、'硕星'（广元）。

（三）陕西

优势：陕西省核桃栽培历史悠久，分布广泛，除杨凌示范区外全省11个市均有核桃种植。核桃是陕西重要经济林树种之一，也是栽培面积最广和种植最多的经济林产业。陕西省气候适宜、交通便利，核桃初加工已形成规模，正在政府的大力支持下，打造核桃交易集散中心。截至2021年底，全省核桃栽培面积达1115.2万亩，年产量达38.65万吨，总产值达61.11亿元。

劣势：陕西作为核桃的优质适生区域和传统栽培地区，目前主要栽培品种较多，存在良种建园率低、品种混杂和商品优果率不高等状况，这成为制约陕西核桃产业效益提高的主要原因。且大多在山地栽培，立地条件较差，部分区域栽培过密，栽培管理水平一般，良种应用不科学，病虫害多发，机械化普及率低，单产低，栽培效益不高。

主要栽培区：商洛、黄龙、渭北地区。

主栽品种：'香玲''辽核''鲁光''陕核'。

受土地贫瘠限制，我国核桃平均亩产与发达国家相比显著偏低。虽然核桃品种繁多，但与国际流行品种相比缺乏竞争力，生产呈现品种多、良种率低、缺乏加工品种和优新品种的现象。近年来，加工企业数和总产能稳步增长，但行业分布长尾效应明显。

第二节　南疆核桃产业发展现状

一、核桃种植情况

新疆是世界六大果品生产基地之一,也是我国核桃重要主产区。新疆独特的气候特点和光热条件,有利于核桃多种营养成分和油脂的积累,生产出的核桃产品品质优良,是建设核桃基地的理想地区。与内地核桃种植在山区丘陵地区不同,新疆核桃基本种植在绿洲内部立地条件较好的农田内,多以建园式模式种植,具有土壤条件好、灌溉有保障、防护林完备、交通管理便利等诸多有利因素。新疆核桃凭借早实、个大、皮薄、出仁率高、绿色无公害等诸多优点在国内外享有盛誉。

截至2021年末,新疆核桃种植总面积为646.79万亩,总产量达119.69万吨。位于南疆地区的三大主产区和田、喀什、阿克苏种植面积分别为220.94万亩、157.42万亩、174.16万亩,占全疆核桃种植总面积的94.7%。全疆核桃种植面积超过5万亩的县(市)有23个,产量超过5万吨的县(市)有21个。

二、加工利用情况

近年来,南疆核桃产业化水平逐年提高,核桃麻糖、核桃油、核桃乳等核桃加工品逐步占领市场。阿布丹牌核桃麻糖系列产品已通过有机食品和HACCP认证,阿克苏核桃、叶城核桃取得国家地理标志产品认证,"宝圆"牌核桃、"阿克苏"核桃获得新疆著名商标称号。目前,全疆以新疆果业集团为首的30多家核桃生产加工企业,已发展成为加快核桃产业化发展的排头兵,产业化经营带动力逐步提高,实力不断增强,促进了南疆农村经济结构调整和农民的持续增收。但从新疆核桃产品的销售情况来看,销路问题开始凸显,售价持续走低,甚至出现果贱伤农现象。2020年,青皮核桃收购价由2019年的2.8~3.5元/千克降至2~2.3元/千克,去掉青皮的半干核桃收购价由2019

年的10~12元/千克降至7~8元/千克，干核桃通货价由2019年的13~15元/千克降至7~13元/千克，核桃产业的发展面临生死考验。以叶城县为例，2020年内地来核桃交易市场的收购商仅有200人左右，而前几年核桃价格高时内地收购商可达600人。据了解，近期叶城县'扎343''温185''新新2号'干核桃价格为15元/千克，新丰等杂果8~10元/千克，不分品种、不分级的通货价7~8元/千克。核桃价格低迷、果品销售形势变差。

三、进出口贸易情况

我国的核桃产量大于消费量，部分产品主要用于出口。近年来，随着国内核桃种植区域的扩展和品质提升，核桃出口量明显增长。2015年我国核桃出口量仅为13660吨，至2020年出口量增长至95607吨。2022年1—8月中国核桃出口数量为40484.2吨，出口金额为9538.9万美元；进口数量为2220.1吨，进口金额为579.9万美元。从进出口均价来看，在2016年之前中国核桃出口均价明显高于进口均价，自2017年开始中国核桃进出口均价均呈下滑趋势，且进出口均价差异明显缩小，2022年1—8月中国核桃进口均价略高于出口均价，进口均价为2.61美元/千克，出口均价为2.36美元/千克。由于国内市场核桃产量提升过快，价格明显下降，出口竞争力提升，随着"一带一路"倡议不断深化，中欧班列逐步常态化运营，我国核桃向中亚、西亚等国出口更加便捷。

分省市来看，2022年1—8月新疆核桃出口额完成3417.03万美元，占全国核桃出口总额的35.82%，全国排名第一；山东核桃出口额完成2250.32万美元，占全国核桃出口总额的23.59%，全国排名第二；内蒙古核桃出口额完成884.40万美元，占全国核桃出口总额的9.27%，全国排名第三。

新疆作为我国核桃增产的主要地区，对于中亚、西亚市场出口具有明显优势。新疆核桃通过中欧班列到达西亚和欧洲的时间为18~20天，比海运节省了一半时长，核桃品质也得到较好的保证。未来中欧班列的常态化运行，有望推动更多中国核桃进入欧洲市场。

四、南疆核桃产业发展与乡村振兴

核桃产业能够有效优化产业结构，助力脱贫攻坚，带动地方经济发展，改善生态环境，繁荣乡村文化，有力助推乡村振兴。在新疆，林果业在区域经济发展中具有独特优势和较强的发展基础，新疆维吾尔自治区党委和政府把林果产业确立为农村经济发展的支柱性产业之一。核桃是新疆特色传统林果树种之一，栽培广泛，历史悠久，种质资源丰富，特别是南疆地区，是我国核桃种植的主产区，核桃产业已成为当地主导产业和支柱产业。

以南疆阿克苏温宿县为例，2016—2021年，温宿县核桃种植面积、挂果面积、年产量均稳步提高，呈现出向好发展态势。2021年，温宿县核桃种植总面积为79.8万亩，占林果总面积的62%；核桃总产量为19.1万吨，占林果业总产量的34%，产值达25.5亿元。温宿县政府把握发展契机，以核桃林场万亩薄皮核桃高科技示范园区为依托，借助新疆维吾尔自治区的"提质增效项目"和"核桃产业集群项目"资金，全力打造集生态、节水、旅游观光为一体的万亩薄皮核桃生产基地。当地政府鼓励、引导龙头企业发展农产品精深加工，以促进农产品综合开发利用，延长产业链、提升附加值。目前温宿县从事精深加工的合作社有3家、企业有7家，年加工核桃约1.7万吨，具备核桃烘干房的合作社有22家，核桃烘干房有221间，一次烘干量为2~180吨不等，全县24小时可同时烘干核桃680吨以上。温宿县努力发展核桃产业集群建设，大力发展核桃加工能力提升工程，主要引进核桃粉加工、核桃油压榨及核桃青皮微量元素提取设备，对核桃加工能力、工艺优化、设备提升等进行多方面改造，有效推进了当地核桃产业的发展。

南疆核桃产业销售方式呈现多元化推进，有效促进了包括核桃在内的林果产业的发展。虽然传统营销模式仍是新疆林果产品销售的主渠道，但互联网营销额在核桃销售中的比重不断增加。多方位、多渠道、多元化发展的营销网络和市场营销体系对于打造南疆核桃品牌，提高南疆核桃市场占有率发挥了重要作用。据统计，自治区内现有规范化运行果品批发市场100余家，在南疆建设林果产品仓储收购交易中心项目9个，自治区外累计开辟商超、卖场、销售网点4.3万余家，电子商务平台3000余家。以阿克苏地区为例，电商协会统计的2019年林果产品通过网络销售金额约4.2亿元，阿克苏地区以浙江援疆为契机，建设优质特色林果产业基地7.79万公顷，连接"十仓百企"加工联盟，形成"十城百店"销售网络，设立营销网点455个，其中旗舰店13家、直营店53家，带动全国市场的阿克苏优质特色林果产品生产、加工、流通、销售。此外，新疆果业集团在自治区内建成了12大林果交易市场，在北京、上海、广州等地建起6个分仓，在乌鲁木齐、吐鲁番、阿克苏等地区建立加工、仓储物流配送基地6个，在全国建立了新疆特色林果产品展示直销中心、连锁店等销售网点2000多个，收购、销售"两张网"建设初见成效，有力推动了新疆核桃等林果产业发展。

五、南疆核桃产业发展中存在的问题

（一）育种与栽培技术方面

目前，南疆核桃种植面积和产量在国内与其他省份相较，有一定的规模优势，但在育种和栽培管理方面仍存在一些问题，表现为品种衰退，并在标准化生产管理、集约化种植栽培等方面的技术储备仍显不足。目前的主栽品种中存在以下问题：（1）抗性弱，早衰现象明显；（2）大面积发生焦叶症；（3）部分品种的品质下降，缝合线不紧密、烂皮露仁、霉菌污染等现象较严重。

南疆地区很多果园建园时株行距较小，随着树体长大，若整形修剪不到位，会导致果园郁闭现象较明显，人工修剪费时费力；核桃种植生产的水肥利用较一般农作物技术要求高，大多数核桃种植农户凭借自身经验施肥，没有合理化、精准、科学施肥，随意性很大，为了增加核桃产量往往过度施肥，肥料利用率较低，施肥成本较高。南疆地区核桃生产管理还是以人工作业为主，近年来人工成本不断上升，出现了生产高投入、低效率的情况。

核桃种植农户多小规模种植且较为分散，集约化水平不高，种植模式为密植和果林间作，这些模式种植的密度过大，虽然早期就有较高的收获量，但后期管理不便，机械作业设备无法进入种植区域展开作业，人力无法快速、及时完成大量的生产作业，密集化种植还会造成核桃种植区域内通风透光性较差，病虫害居多，核桃空壳率升高，核桃品质的下降，影响南疆地区核桃种植农户的收益。

（二）加工利用方面

目前，南疆核桃加工产业采用先采摘后加工的初加工模式——依靠人工作业将核桃采摘后进行脱青皮、清洗、晾干、分级、破壳等工序，加工产能效率低，造成大量未及时加工处理的核桃果仁出现腐坏、核桃商品化率低等现象。近年来，新疆地区农科院通过技术研发、创新，针对核桃产品加工效率低、加工机械化程度不高等问题，创新、研发了核桃产品加工的机械化设备。由于加工设备推广应用率较低，仍然没有从根本上改变南疆地区加工核桃产品人工生产作业为主的现状。核桃商品深受市场青睐，如核桃乳、核桃油、核桃粉，在市场经济的推动下，南疆地区的核桃加工机械化应用率必将逐步提高。

核桃饼粕通常被视为废弃物或廉价饲料、肥料等，事实上核桃饼粕富含植物蛋白，是一种优质的蛋白资源，还含有丰富的维生素、微量元素和不饱和脂肪酸等营养成分，应该被进一步加工、提取和利用。充分利用核桃饼粕，对提高核桃饼粕蛋白及其产品综合利用率、开发精深加工产品和提高核桃加工附加值具有重要意义。核桃壳是核桃的副产品之一，经常被丢弃或焚烧，不仅浪费资源，而且污染环境。核桃壳可以用来生产胶合剂、抗氧化剂、研磨剂和抗聚剂。核桃壳颗粒可以用于制备一些护肤品，也可应用于汽车抛光和清洗汽车发动机的细小缝隙。核桃青皮又名青龙衣，是核桃外的绿色果皮，是核桃加工过程中产生的主要产品。核桃青皮含有丰富的酚类、酯类和烃类等活性物质，具有较高的利用价值，可用于提取植物源性青皮色素。总之，在开发新产品、研发新技术、加强核桃副产品加工技术的创新上，我们有较大进步空间。

（三）进出口贸易方面

1. 经济条件

新疆位于中国西北部，虽然地域辽阔，资源种类丰富，但是经济发展水平相比于我国中东部地区还较低。与新疆相邻的国家主要有哈萨克斯坦、吉尔吉斯斯坦、巴基斯坦、土库曼斯坦、乌兹别克斯坦、塔吉克斯坦、蒙古和俄罗斯等，以上国家多是农业国家，经济发展水平不高，自然环境条件较差，这给双边贸易交往带来了很多的不便，在一定程度上阻碍了双方之间的贸易往来。

2. 基础设施

新疆位于"一带一路"重要节点，在基础设施建设方面取得了一系列成就——中欧班列发展迅速，霍尔果斯等口岸和新疆国际陆港的建设发展迅速。但是，新疆在对外贸易过程中仍然受到客观因素和自然条件的制约，如季节性口岸给贸易往来带来了不便，铁路建设还没有真正做到与周边国家贸易往来畅通无阻等。

3. 产品类型

随着"一带一路"建设的发展，新疆对外贸易已经取得了很大的成绩，同时也带动了当地经济的发展，竞争也越来越激烈。新疆以出口番茄和棉花等中低端产品为主，但随着市场需求的不断变化，新疆原有的初级产品出口型通道不能满足不断变化的市场需求，在利润空间比较小、竞争比较激烈的情况下，会影响新疆与周边国家之间的贸易往来。

4. 政治环境

美国与我国的贸易摩擦，在一定程度上对新疆的对外贸易产生了不利的影响。据乌鲁木齐海关统计，2021年1—2月新疆对外贸易进出口总值为171.2亿元人民币，与2020年同期相比下降14.6%。其中，出口131亿元，增长1.1%；进口40.2亿元，下降43.2%。

据乌鲁木齐海关统计，2023年第一季度南疆喀什地区外贸进出口总值为142.1亿元，与2022年同期相比增长102.3%，其中，出口136.1亿元，进口6.0亿元；阿克苏地区进出口总值为29亿元，与2022年同期相比略有下降，其中，出口28.8亿元，进口0.2亿元；和田地区进出口总值约6.88亿元，与2022年同期相比增长77.4%，其中，出口6.88亿元，进口0.0025亿元。

第二章 CHAPTER 2

核桃品种与品种选育

第一节　南疆生态地理条件

南疆地处亚欧大陆中部，自古以来就是连接东西方交往的交通要道。天山、喀喇昆仑山、昆仑山、阿尔金山环绕的南疆属温带大陆性气候，冬季漫长严寒，夏季炎热干燥，春秋季短促而变化剧烈，降水量小，日照丰富，年平均日照时数为2924.6小时，地处塔克拉玛干沙漠边缘，无霜期为194~212天。南疆丰富的光热资源，使得该地发展林果业成本低，产出效益高。

南疆四地州位于新疆西南部，包括喀什地区、和田地区、阿克苏地区以及克孜勒苏柯尔克孜自治州，面积61.39万平方公里，约占全疆总面积的36.87%。南疆地区作为我国"三区三州"之一，既是新疆巩固脱贫攻坚成果的主战场，也是推进乡村振兴的战略高地，南疆林果产业中占比较高的核桃在未来南疆经济发展中将发挥重要作用。

第二节　新疆核桃产业品种应用现状

新疆核桃通过良种审定的近30个，目前南疆地区的主栽品种有'温185''新新2号''扎343''新丰''新温185'和'新早丰'。'温185'的果实成熟期较早，大约在8月末成熟，坚果呈圆形或长圆形，单果重约11.2克，壳厚为1.09毫米，出仁率高达58.8%，核仁充实饱满，乳黄色，味香；'新新2号'平均果枝坐果2.01个，果实成熟较早且产量高，稳定性好、适应性强，核桃呈长圆形，单果重约11.6克，壳面光滑，壳厚为1.2毫米，出仁率53.2%，果仁饱满，色浅、味香、坚果品质优良；'扎343'品种由新疆维吾尔自治区林业科学院自阿克苏扎木台试验站实生种群选出，树势较强，生长旺盛，丰产性强，平均每平方米冠幅投影面积产仁260克以上。该品种抗病性较强，坚果呈椭圆形或卵形，壳面淡褐色，光滑美观，平均单果重12.6克，壳皮厚1.2毫米，出仁率51.8%，取仁易，可取整仁，果仁饱满，味香、口感细腻，9月中旬果实成熟，10月下旬落叶，适宜在肥水条件较好的地方栽植；'新丰'品种的果期为9月中上旬，果实呈短圆形，核桃壳比较光滑，单果重为14.9克，壳厚约为1.3毫米；'新温185'树势较强，树体矮小，树冠紧凑，双果及多果率68.5%，早实丰产性极强，抗逆性强，单果重15.8克，出仁率65.9%，出油率70.4%，壳面光滑，果仁饱满，味道香甜，坚果品质优，对肥水条件要求较高，适宜密植栽培；'新早丰'品种由新疆林业科学研究所从新疆温宿县核桃实生株选出，该品种较抗寒、耐旱，抗病性强，丰产性好，坚果椭圆形，平均单果重13.1克，壳面光滑，壳厚1.23毫米，出仁率51.0%，核仁饱满色浅、味香，适宜在肥水条件较好的地区发展。近年来，新疆林科院获得国家林草局授权的核桃新品种权5个，分别为'新叶1号''新和1号''墨宝''新辉'和'新盛'。'新叶1号'坚果阔椭圆形，单果重中等，中等壳厚，出仁率高；'新和1号'的单果重约26.44克（重），壳厚1.55毫米（中），出仁率约41.0%（中）；'墨宝'单果重约23.14克（重），壳厚1.33毫米（薄），出仁率约56.21%（高）；'新辉'单果重约26.22克（重），壳厚1.99毫米（中），出仁率约49.18%（中）；'新盛'单果重约15.38克（重），壳厚1.46毫米（薄），出仁率50.6%（高）。新品种的共同特点是核仁香甜涩味少，非常适合原味生食。

经过多年生产实践与市场检验，南疆地区目前形成了以阿克苏地区'温185'+'新新2号'、喀什和和田地区'扎343'+'新丰'为代表的两套主栽体系，约占全疆核桃种植总面积的70%。两套主栽体系均属于早实核桃，其进入发育成熟期早且具有很强的连续结实能力，早实丰产，使得种植园能尽早获得收益。'温185'+'新新2号'小冠丰产，被认为适合于园式集约化栽培，盛果期亩产可达到250~300公斤；'扎343'+'新丰'树势较强，树冠较大，被认为适合于林农间作栽培，盛果期亩产可达到150千克。新疆是全国最早形成主栽品种并大规模在生产中应用的省份，而且也是在全国最先推行良种化和良种化率最高的省份，品种化率达80%，基本实现核桃品种化栽植。新疆核桃之所以享誉全国并占有很大份额，不仅仅是自然环境与生产条件方面的优势，更是良好的品种性状打下的坚实基础。近年来随着提质增效工程的持续推进，林果产品质量不断提高，核桃白仁率超过80%，空壳率、瘪仁率下降至5%左右，实现了面积、产量、质量的"三增长"。

第三节　存在的主要问题及原因分析

尽管南疆核桃良种化已推进了10多年，也取得了十分显著的效果。但品种混杂现象依然存在，尤其在和田、喀什地区仍很普遍。在树体更新方面，现有的核桃品种多为20世纪种植的早实核桃品种，树体面临早衰问题，果品和产量也存在下滑，老园迫切需要实现树体更新以提升品质和质量。在标准化方面，目前制定的标准较多关注核桃表观品质分类和生产技术标准化，而涉及质量安全的标准少，影响了产供销标准化，产品追溯机制尚未形成，导致在流通、销售领域监管不足，产品质量控制体系还不完善。表现在：主产区大多数农户以统货销售为主，混装混销，不进行分级销售，少数的分级设施也比较简陋，仅能进行去青皮、清洗等粗加工，分级标准不统一，造成果品质量得不到保证。南疆核桃主栽品种自身存在一些缺点，如部分品种苦涩味偏重，生食口感欠佳；果壳太薄，运输损耗大，易受细菌污染等，也影响到果品质量和销售。

第三章 CHAPTER 3

核桃栽培与管理

第一节　南疆各县市核桃栽培管理现状

截至2021年底，新疆核桃种植面积达到646.8万亩，产量达119.7万吨。核桃已成为南疆多个区域和县市的特色主导产业，其中阿克苏、喀什、和田三个地区的核桃总面积占全区总面积的94.60%，占总产量的98.30%。目前新疆有49个县市栽培核桃，其中温宿、库车、沙雅、新和、乌什、阿瓦提、泽普、叶城、莎车、巴楚、麦盖提、和田、墨玉、洛浦、策勒、于田等16个县市面积超过10万亩，832万人以核桃生产、种植为主要经济来源，核桃产业发展较早的温宿县、叶城县等区域，核桃收入已占农民纯收入的40%以上。南疆地区的核桃产量、面积分布情况如表3-1所示。

表3-1　阿克苏、喀什、和田三个地区核桃产量、面积分布情况

阿克苏地区									
单位	阿克苏市	温宿	库车	沙雅	新和	拜城	乌什	阿瓦提	
面积/万亩	25.68	70.36	29.6	10.36	24.65	8.58	31.25	16.23	
产量/万吨	4.19	17.62	6.42	1.97	3.6	1.06	5.72	2.72	
总面积/万亩	216.71								
总产量/万吨	43.30								
喀什地区									
单位	喀什	疏附	疏勒	英吉沙	泽普	莎车	叶城	麦盖提	巴楚	岳普湖
面积/万亩	1.44	5.46	5.27	2.62	23.13	17.72	58.15	16.86	25.77	0.71
产量/万吨	0.11	0.97	0.45	0.31	4.47	3.2	12.86	1.91	3.61	0.01
总面积/万亩	157.13								
总产量/万吨	27.90								
和田地区									
单位	和田市	和田县	墨玉	皮山	洛浦	策勒	于田	民丰	
面积/万亩	10.51	30	44.56	24.1	27.2	15.02	19.47	3.3	
产量/万吨	1.1	5.94	8.26	4.4	3.84	1.37	2.5	0.48	
总面积/万亩	174.16								
总产量/万吨	27.89								

南疆核桃主要种植在阿克苏、喀什、和田三个地区，其中阿克苏地区的温宿县分布面积最广，乌什、阿克苏市、库车县、新和县核桃分布面积在20万亩以上；喀什地区的叶城县分布面积最大，在50万亩以上，泽普县、巴楚县的种植面积超过20万亩；和田地区的墨玉县分布面积最大，在40万亩以上，和田县、皮山县、洛浦县等区域的种植面积在20万亩以上。

在阿克苏地区主要分布品种为'温185'，乌什县种植'新新2号'较多，在阿克苏地区北部为'温185''新新2''扎343'和其他品种均有栽培分布。在喀什地区，'温185''扎343''新新2''新丰'及其他品种分布比例相当，喀什西部地区其他品种种植较多。在和田地区，'扎343'和'新丰'两个品种为当地的主栽品种。

南疆地区的核桃黄金产业带、优势产业带面积最大，形成了以阿克苏地区为核心的新黄金产业核心带，喀什地区的黄金产业潜力带和和田地区的黄金产业支撑带。核桃次生带在南疆地区分布面积也较广泛。

当前南疆核桃主产区的种植模式主要有建园和间作两种形式。阿克苏地区核桃栽培株行距以5米×6米为主，部分果园6米×8米。树龄较小的核桃园仍有部分间作小麦、油菜等作物。盛果期核桃园在产量效益稳定的条件下，已逐步退出间作。在喀什、和田栽培区域，核桃栽培株距一般在4~6米，行距在6~10米，树龄10年以上果园比例较大。由于是传统栽培区，同时受耕地面积的限制，间作果园仍占一定比例，间作物主要以作物、蔬菜类为主。

密植园是近年来影响核桃产业发展的一个突出问题，目前在南疆阿克苏、喀什、和田等地仍有一定比例的密植园。阿克苏地区密植园改造时间最早，密植园比例较低。喀什、和田地区在近几年不断加大密植园改造力度，许多3米×4米、3米×5米效益低下、面积大的密植园已完成改造，产量品质有所提高，面积小、点片分布的密植园仍在改造当中。当前，密植园改造已经结合林果业提质增效工程统筹推进，引起各级主管部门、技术部门的重视。

虽然新疆地区干燥少雨，光照充足，病虫害发生较轻，但目前已有相关病虫害报道，病害主要是核桃腐烂病和核桃叶枯病、核桃焦叶病。核桃腐烂病在南疆发生较为普遍,一些树龄较大的核桃园发病率在50%左右,严重时可达90%以上。枝干幼树或小枝感病时,因其树皮较薄,初期表现为近梭形,暗灰色,水渍状,微隆起,受到压力后会流出酒糟味泡沫状液体,并伴有散生黑色小点,空气湿润时,黑色小点涌出橘红色胶质状物质。其次在大树主干感病时,由于树皮较厚,初期表面不显,多隐藏在韧皮部,病斑呈小岛状串联,并集结大量白色菌丝层,当"黑水"溢出时,皮下已大量扩展,后期黑水干涸后,如黑漆一般。核桃腐烂病已成为影响核桃生长发育和产量的主要原因。

核桃叶枯病发病严重时病斑面积达叶片总面积的80%以上,病害从核桃叶片的边缘开始发病,逐渐向叶内危害。初期侵染点附近开始产生褪绿病斑,病斑近圆形,叶组织逐渐坏死产生褐色的枯斑,严重时整个叶片变黄、枯死,叶中脉附近仍然绿色,后期在叶背面,有时叶正面产生墨绿色霉层,为病原菌的分生孢子梗和分生孢子。病害大暴发时,引起树叶大量枯死,从而影响核桃的树势和果实的正常生长发育,使得果实产量、品质下降。

近几年,南疆核桃焦叶病较为频发,发生面积近百万亩,并呈现逐年加重和扩散的趋势,成为危害性较大的一类重要病害。引发核桃焦叶病的主要原因有:

(1)土壤。果园离地表40~50厘米处多存在胶泥层,阻碍了根系的生长发育,根系吸水不畅难以支撑夏季强烈的蒸腾耗水;土壤沙质化严重,漏水漏肥,夏季强烈的太阳照射下升温很快,高温和热浪也会导致焦叶病的发生与蔓延;土壤盐碱程度高的区域,易发生土壤板结,透气性差,不利于根系吸水。盐碱地还易导致叶片富集氯离子和钠离子,会加剧焦叶病发生。

(2)水。井水含盐高、温度低,降低了根系生理活性;地下水位高,根系呼吸不畅,夏季高温条件下易发生生理性焦枯落叶;大水漫灌也会导致根系呼吸受阻,甚至腐烂,引起焦叶病的发生。

(3)施肥。施入大量速效肥或没有腐熟的农家肥引起烧根或根部病虫害,导致根系供给养分不足,叶片缺乏营养,焦枯脱落。

(4)病虫害。其他病虫害的发生导致树体树势衰弱,树体疏导功能下降,会诱发树叶焦枯；细菌或真菌引起叶片生长不良，叶片寿命下降，后期焦枯脱落。新疆核桃的虫害主要有核桃黑斑蚜、春尺蠖、蚧壳虫等。核桃黑斑蚜、春尺蠖、蚧壳虫发生高峰分别在5月下旬至6月下旬、5月中旬、4月上旬至5月上旬，主要危害嫩芽、叶片和吸食枝条汁液。引起核桃病虫害的因素主要为树龄、种植密度、管理水平和海拔。

为了有效减少病虫害的发生，可采取的措施包括：

(1)对早衰、老熟树体及时进行树体更新，推进老园改造。

(2)深翻土壤，有些地方要做好排水、排盐碱措施，鼓励果园生草以改善土壤小环境(降低夏季土温，增加土壤湿度等)，高温时节可适量叶片喷肥或喷雾，起到降温保湿和补充营养的作用，抵抗病菌侵袭。

(3)当种植园郁闭度较高时，调整种植密度，保持种植园内光照充足。

(4)及时修剪，保持树体通风透光，及时清理病枝、病果以减少病害的扩散。

(5)病虫害发生早期，可喷施广谱、无残留的过氧乙酸(或石硫合剂)以降低病原基数，再配合采用微生物菌剂(兼治病、虫)替代化学农药对核桃病虫害进行综合防控，实现化学农药的减施使用，降低农药污染。

(6)病虫害严重时，可采用化学防治，多种药剂配合使用，每隔15天喷施一次，减少药物间的拮抗作用。

(7)选育抗病虫害的核桃品种或砧木，增加抗病性。

(8)对一些突发或近几年逐渐出现的新的病虫害，要加强相关基础研究，做到对症下药。

南疆各地在核桃栽培管理方面整体较为粗放，标准化、集约化、规模化程度低。实用技术推广应用不能适应产业规模的快速扩张，仍存在"重栽培、轻管理""重产量、轻品质"的现象，注重核桃生产规模扩张，轻视树体管理，导致产量不稳定、品质下降、效益下滑。其次，整形修剪、肥水管理等基本栽培措施落实不到位也是低产低效园形成的主要原因。在开展林果业提质增效工程、农业科技巡回服务工作之前，喀什、和田的许多核桃园基本不进行整形修剪，施肥灌水以间作物为主，放任生长导致核桃园病虫害滋生、产量品质下降。同时，在喀什、和田等深度贫困区域，以家庭为单位的小规模生产模式给标准化、集约化栽培管理方式和技术推广造成一定难度，生产成本高，核桃果实质量不能保证，影响了后续产品加工以及市场流通。

第二节　存在的主要问题及原因分析

一、间作模式对核桃产量和品质的影响

核桃树体高大、冠幅宽，根系分布深且广。南疆的许多间作果园进入盛果期后，农民舍不得疏密，又不重视整形修剪，导致地上部枝条密度大，通风透光条件差，结果部位外移，果实主要集中在树冠外围及中上部位，同时内堂及中下部果实光照及营养不足，影响产量品质。间作小麦后，核桃树冠下根系分布区的土壤被小麦占据，造成核桃、小麦根系间的养分竞争。在许多区域，核桃树体的养分需求主要依赖农作物，而忽略了核桃本身的需肥规律，造成营养供给失衡。比如小麦施尿素后，氮素下渗被核桃根系吸收，造成氮肥吸收过量，营养生长过旺。当间作种植玉米等高秆作物时，大肥大水、密不透风的果园环境也使核桃树营养生长旺盛、病虫害多发。总之，地上部树体对光照的竞争以及地下部树体与作物根系的竞争不断加剧都使得核桃树生长发育微环境不断恶化，最终对产量、品质造成较大影响。

二、水肥投入难以满足核桃的正常生长发育

南疆不同主产区水肥投入不平衡影响核桃的生产发育与产量、品质。如阿克苏地区水肥投入现状调查表明，土壤有机质含量低，有机肥投入不足，部分区域化肥施用过量，施肥技术与果树养分需求不匹配，养分供给在时间上不同步、空间上不协调。施肥总量过大反而会造成减产，水肥利用率低，导致单产低、生产成本高、经济效益差，污染土壤。喀什地区种植户对果园管理粗放，

缺乏科学的田间施肥指导，不施肥或者少施肥现象普遍存在。在果实膨大期没有追肥，有机肥投入不足，施肥较浅。上述问题造成养分失衡、树势强弱不均、根系上返、产量不稳、病害严重，最终导致核桃空壳率上升、品质和商品率下降等。

三、生产技术难以满足现代化核桃种植园的需要

当前南疆核桃生产技术仍然落后，主要表现在：①种植园通风透光性差，光合作用效率受到抑制，严重影响了核桃产量、品质，而传统人工修剪已无法满足当前种植规模的需求；②核桃标准化生产水平低，目前的种植模式不太适应机械化生产的需要；③传统人工采收方式效率低而成本高；④核桃园连年种植生长，有机质含量不断降低，造成连作障碍，使得核桃品质变差、产量降低；⑤精准化管理技术落后，水肥施用随意性很大，常出现施肥、灌溉过量，导致水肥利用率低、生产成本高、经济效益差；⑥病虫害在局部地区、一些年份里暴发，综合防控技术缺乏。

第三节　核桃种植典型案例

2020年，我们对叶城县10个乡镇50户种植大户开展了核桃种植管理调研工作。调研内容主要包括种植面积、品种、株行距、树龄、产量、灌溉制度、施肥水平、肥料种类、间作作物、产量等。按照当地产量水平，将核桃产量高于200千克/亩定为高产，产量150~200千克/亩定为中产，产量低于150千克/亩的定为低产。

一、高产园管理措施

调查的50户中，产量≥200千克/亩的有28户，品种多为'新丰'，株行距为6米×8米、6米×9米。核桃树一年修剪3次，分别为3月、6月和9月。多数果园无

间作作物,部分间作小麦,收获后复种饲料玉米。灌溉方式均为漫灌,一年中灌溉次数为5~7次,时间为3月、5月、6月、7月、11月;一年中施肥次数为3次,时间为4月、6月、10月;肥料施用总量为磷酸二铵(70~90千克/亩)、复合肥(75~110千克/亩)、油渣(80~100千克/亩)或牛羊粪(500~1000千克/亩)。

二、低产园管理措施

调查的50户中,产量≤150千克/亩的有12户,品种多为'新丰',株行距为6米×8米或6米×12米;一年修剪1次;灌溉方式均为漫灌,每年4~6次,时间为3月、5月、6月、10月;每年施肥次数为2次,时间为4月、10月;肥料总施用量为磷酸二铵(50千克/亩)、复合肥(20~50千克/亩)、油渣(20~55千克/亩)、牛羊粪(500~1000千克/亩)。

通过案例数据分析,我们发现高产园、低产园在整形修剪和水肥管理方面差异较大。与高产园相比,低产园未按照核桃的需肥规律进行合理配肥,在果实膨大期没有追肥。这一时期,树体内的营养物质主要供给果实的生长,营养元素逐渐向生殖器官转移,原有叶片逐渐衰老,元素的缺乏尤其是磷钾元素缺乏,会导致碳水化合物的合成受阻,最终影响产量和品质。同时,低产园与高产园相比,修剪次数较少,高产园在6月进行了夏季修剪,具体包括二次枝的疏除和摘心,避免二次枝生长旺盛造成的树冠过早郁闭和争夺养分。高产园在秋季进行大枝回缩、疏除过密枝、病虫枝等基本修剪措施,为高光效树形建立、通透光和营养物质分配打好基础。

第四章 CHAPTER 4

核桃精深加工

第一节　南疆核桃主产区各县市核桃加工企业现状

目前南疆地区核桃加工利用的程度总体较低，仍以初加工为主。调查发现，南疆绝大多数的企业只开展核桃初级加工，主要是利用机器对青皮核桃进行脱青皮、清洗、烘干处理，或者进一步将带壳的核桃去壳加工成核桃仁，并进行粗略分级和简单包装。

南疆核桃加工产品的种类有限，尤其是深加工产品。以核桃油产品为例，生产核桃油产品的企业多数不将核桃油作为主要产品，库存量小。这与近年来新疆核桃规模与产量大幅度提高的趋势不协调，制约着核桃产业的健康有序发展。南疆核桃主产区各县市核桃加工企业的现状如表4-1所示。

表4-1　南疆核桃主产区各县市核桃加工企业现状

地区	企业名称	加工产品	收购原果数量	加工能力
喀什	喀什光华现代农业有限公司	核桃、核桃仁、核桃油	10000吨	20000吨/年
	新疆美嘉食品饮料有限公司	核桃初加工清洗、破壳取仁、代加工炒制多味核桃、核桃粉、核桃乳	1300吨	20000吨/年
	叶城县怜农绿色农产品研发有限公司	核桃仁、核桃油深加工	200吨	2000吨/年
阿克苏	阿克苏晟鼎油脂有限责任公司	核桃原果分拣，核桃油分级深加工等	2000吨	2000吨/年
	新疆天下福生物科技有限公司	对核桃进行精炼、初榨、精炼提取核桃油	4000吨	10000吨/年
	阿克苏浙疆果业有限公司	核桃仁、风味熟制纸皮核桃、核桃油、核枣糕	13500吨	15000吨/年
和田	新疆和田果之初食品股份有限公司	核桃产品收购、加工、销售，核桃油的提炼	2500吨	5000吨/年
	新疆大智慧核桃食品有限公司	核桃油的深加工与开发	100吨	300吨/年
	和田惠农电子商务有限公司	核桃仁、调味核桃仁、核桃油、核桃蛋白等产品	10000吨	20000吨/年

核桃产业作为南疆的支柱产业之一,有力保障了乡村振兴战略的实施,提高了当地的就业率和人民生活水平。部分企业吸纳就业人数见表4-2。

表4-2 南疆核桃生产企业吸纳就业人数情况

地区	企业名称	吸纳就业情况
喀什	喀什光华现代农业有限公司	200人
	新疆美嘉食品饮料有限公司	170人
	叶城县怜农绿色农产品研发有限公司	20人
阿克苏	阿克苏晟鼎油脂有限责任公司	180人
	新疆天下福生物科技有限公司	500人
	阿克苏浙疆果业有限公司	275人
和田	新疆和田果之初食品股份有限公司	270人
	新疆大智慧核桃食品有限公司	15人
	和田惠农电子商务有限公司	3000人

各企业以线上、线下等多种形式进行产品的销售。

喀什光华现代农业有限公司的产品主要销往北京、上海、深圳等地,及土耳其、哈萨克斯坦等地(国外)。公司的销售模式是以线下带动线上,线上推动线下,线上、线下相辅相成。线下主要以百果园、华润万家以及其他超市、店铺为主,线上有京东、淘宝、天猫等平台进行线上销售及产品展示,反馈良好。新疆美嘉食品饮料有限公司的产品主要是由山东援疆引进单位、合作出口单位、县级招标项目这三种形式进行销售。叶城县怜农绿色农产品研发有限公司的产品是由专卖店、超市、旅游团购等多种线下模式进行销售。阿克苏晟鼎油脂有限责任公司的产品主要销往北京、上海、广州等大中城市,线上线下均有销售。阿克苏金勺果业有限公司的产品则是以"线下分销商+经销商代理+门店加盟"的模式进行销售,销售地点包括西安、成都、杭州、深圳、济南等,线上销售渠道包括淘宝、天猫、京东、扶贫832、国家扶贫等平台。其他企业的产品以线下销售居多,少数线上渠道以电商平台、网络营销店进行销售。

典型案例 1

喀什光华现代农业有限公司成立于2018年,注册资金10000万元。企业在喀什当地拥有核桃初加工和深加工工厂各一座,德国进口全自动核桃油低温冷榨生产线三条,罐装和过滤生产线各一条,核桃酱研磨过滤生产线一条,核桃粉生产线一条,核桃休闲食品生产线一条。企业的产品主要包括:核桃油、核桃粉、核桃酱及核桃休闲食品等核桃系列产品。设计产能年加工核桃量可达20000吨以上,年产核桃油3000吨,核桃蛋白2000吨、核桃酱1000吨,核桃休闲食品3000吨。截至目前,企业已利用目前的研发成果申报核桃油加工发明专利一项、实用新型专利七项。喀什光华现代农业有限公司经营模式是设计+生产+销售型。企业与北京大学等多家高校及科研单位开展产学研合作项目,利用当地丰富农业资源,带动种植户进行核桃育种、种植、加工与销售,为当地提供了就业机会,也扩大了核桃产业的规模。企业不断进行产品创新及优化,开发出核桃油、核桃粉等核桃系列产品。公司自2019年6月正式投产,至2019年年底实现销售收入1922万元。2020下半年起开始进行出口业务,着重发展农业产品,2020年下半年出口业务销售额2500万元,2021年国内销售额上半年已达到800万元,预计2023年底销售额将达到4000万元。公司自成立以来,连续两届获得了喀什地区"创新创业大赛"一等奖、"优秀援疆企业"、"第九批省市优秀援疆企业"等称号、奖项,并当选"国家核桃油产业创新战略联盟副理事长单位",新疆农业大学授予该公司为"新疆农业大学新农村研究院特色产业基地"。

典型案例 2

阿克苏浙疆果业有限公司成立于2018年7月,由浙江省杭州市援疆指挥部招商引进,企业取名"浙疆果业",寓意浙江和新疆两地情深、结出硕果。企业主要产品有纸皮核桃、核桃仁、核桃油、核桃枣泥糕、红枣果干制品等五大系列。公司是核桃产业国家科技创新联盟常务理事长单位,中国坚果炒货专业委员会副会长单位,国家高新技术企业、自治区农业产业化重点龙头企业,自治区"专精特新"中小企业、自治区企业技术中心。先后荣获浙江产业援疆"百村千厂"工程示范工厂等荣誉称号。浙疆果业构建了核桃产业"公司+合作社+农户"模式,在阿克苏市建成"国家级优质核桃基地"达2万亩,在乡镇建成卫星工厂1个,带动200余名农民就地就近就业,直接或间接带动1640多家农户增收,形成了核桃"初加工在乡镇、深加工在园区"的发展格局。企业注重科技创新,建立了技术中心、博士工作站、核桃研究院三大创新平台。5年来,在各方支持下,企业发展势头良好。2022年,加工核桃超过1万吨,目前有6条脱衣核桃仁生产线,日产脱衣核桃仁达6吨,多口味纸皮核桃设计产能80吨/天,核桃油产能为2吨/天。全年销售额1.5亿元,直接吸纳就业230余人,企业95%以上员工都是维吾尔族,工人人均月收入达4000元。公司致力于成为阿克苏农产品精深加工的领军企业,为当地经济发展、带动农民增收致富作出更大贡献。

典型案例3

和田惠农电子商务有限公司成立于2016年9月,是新疆维吾尔自治区供销社控股的专项从事核桃生产加工的企业,是和田地区农业产业化龙头企业、自治区级重点扶贫龙头企业和自治区民族贸易企业。公司成立以来,立足和田核桃资源优势,紧紧围绕核桃流通、加工短板和弱项问题在和田县投资1.7亿元,建设和田核桃加工仓储物流园区,占地277.59亩,建有核桃加工车间、保鲜库等10万平方米并应用空气能热泵加工技术,引进核桃烘干、脱衣加工生产线、X光分选机等70余条/台/套。2019年至2021年,公司累计购销、加工核桃仁3万多吨,按照"龙头公司+专业合作社(村办工厂、农民经纪人)+农户"的利益联结机制,带动44家专业合作社在和田县建设核桃标准化基地5万亩,带动农户3万人,拥有专业技术、管理团队100多人,累计安置农民季节工就业2000多人次,构建从基地、加工、物流配送、终端销售的经营格局,对促进和田县核桃产业发展,积极推进农业供给侧结构性改革,提高农业发展的质量和效益方面发挥了重要作用。2022年6月以来,公司按照自治区人民政府《关于新疆果业集团核桃产业发展的实施方案》的要求,改造完成了9000多平方米的核桃标准化净化车间,并完成核桃油加工生产线的安装和调试。

第二节　南疆核桃精深加工优势和特点

一、原料优势

新疆位于亚欧大陆腹地，地处祖国西北边陲，林果种植面积达1860万亩（其中北疆占17%、南疆占83%），约占全国林果种植面积的13%，是全国林果主产区。核桃种植面积约602万亩，集中分布在阿克苏、喀什、和田地区，年产量为119.69万吨，面积居全国第六、产量居全国第二。以阿克苏温宿县为例，2016年—2020年，温宿县核桃种植面积、挂果面积、年产量均稳步提高，呈现出向好发展态势。2020年，温宿县核桃种植总面积为78万亩，占林果总面积的62%；核桃总产量为19.14万吨，占林果业总产量的34%。同时，新疆核桃种质资源异常丰富，如'温185''新新2''新丰'等优良品种，品质好，易于加工。其中，'温185'的核桃出仁率和含油率均较高。此外，'新新2号''温185''扎343''新丰'等品种还具有果实大，果仁充实饱满，内褶壁退化，横隔露膜质，易取整仁等优势。

二、政策优势

新疆维吾尔自治区政府在支持核桃产业快速发展及加强核桃产业形成竞争力方面，相继出台了一些政策文件。例如，2019年的《〈中共中央、国务院关于坚持农业农村优先发展　做好"三农"工作的若干意见〉的实施意见》，要求把林果业作为重点产业来打造，围绕农业增效、农民增收，特别是助力打赢脱贫攻坚战，统筹安排、整体推进，重点布局在和田地区、喀什地区、克州、阿克苏地区、巴州，涉及34个县市，涵盖22个深度贫困县。新疆林果业在区域经济发展中具有独特政策优势和较强的发展基础，政策进一步明确了对核桃等经济作物的资金补助投入，自治区林业厅与科技厅设立了林果业财政，根据相关文件成立专项资金。通过相关优农惠农的政策及举措，有力地支持了南疆地区的核桃产业发展。

2020年6月，新疆维吾尔自治区农业农村厅出台了《2020—2025年自治区推进农产品地理标志品牌建设意见》，对"叶城核桃""温宿核桃"等特色优势产品进行了重点登记，为打造农产品地理标志"金"字招牌奠定基础。2021年2月，新疆维吾尔自治区第十三届人民代表大会第四次会议通过了《新疆维吾尔自治区国民经济和社会发展第十四个五年规划和2035年远景目标纲要》，指出要做强林果产业，突出绿色化、优质化、特色化、品牌化，推动林果业标准化生产、市场化经营、产加销一体化发展，做优做精核桃、巴旦木、红枣等果品，支持南疆建设。审批林果产品加工物流园和交易市场等，增加优质高端特色果品供给。"十四五"时期末，全区林果面积稳定在2200万亩左右，果品产量达到1200万吨左右。

同时，南疆核桃产业作为新疆特色林果产业的一部分，也受到中央和自治区政府的大力扶持，通过如上海合作组织、中亚区域经济合作以及特色林果产品博览会、乌鲁木齐对外经济贸易洽谈会等各种合作平台和展会对南疆核桃产业、产品进行了推介。

三、科技优势

新疆林业科学院经济林研究所一直致力于核桃品种选育、栽培技术创新与推广等方面的工作，目前是新疆核桃产业技术体系首席科学家单位，张强研究员任首席科学家。新疆农科院农业机械化研究所初步形成了核桃原料绿色脱青皮与高效干燥技术，初步形成了核桃仁色选分级方法与多味核桃仁加工技术。新疆农业大学在新疆野核桃种质资源基础数据库的建立、核桃脱壳设备、分级设备、加工设备的研制方面取得了较多成果。塔里木大学、石河子大学等高校在病虫害防治、核桃采收、核桃产品加工研究等方面取得了较大进展。南疆地区作为新疆维吾尔自治区的核桃产业聚集区，得到新疆林科院、新疆农科院、新疆农业大学等科研机构、高校的关注和科技方面的支持，在核桃品种化推广、栽培技术研究、病虫害防治、集约化高效生产和机械化生产加工技术等方面做了大量创新和尝试。

南疆采用美国的核桃大田生产种植模式，种植区域较为集中，适合集中化管理的生产模式，形成较大的核桃种植规模，开展了核桃全程机械化种植生产，实现生产效率和效益的提升。同时，有一批掌握核桃生产和加工的专业技术人才队伍，具有发展核桃产业的优势，为产品出口提供了支撑和保障。在科技体系方面，建立了自治区有专家组、地州有团队、县市有骨干、乡镇有技术员、村有明白人的五级林果技术服务体系。通过技术服务队探索、建立有偿化的社会服务机制，使队员在提升个人技术水平的同时，带动当地果农增强果园管理意识，也提高了个人收入，为基层培养了一支留得住、用得上、能干事的技术力量。我们根据随机抽样的调查结果，果农的林果技术掌握情况呈逐年上升态势。

新技术在降低林果生产成本以及提高效益方面发挥了重要作用，如在阿克苏、和田、喀什地区核桃主产县通过机械采收技术的应用，每亩采收成本由人工的150元降低到机械的50~60元，脱青皮、清洗率达到85%以上，有效节约了劳动成本，提高了劳动效率。同时，还通过政策吸引企业入疆、加大新技术引进与研发、丰富林果加工产品线等措施，从而提升加工技术水平。

第三节　南疆核桃精深加工存在的主要问题及原因分析

一、南疆核桃产业的加工能力不足

南疆是核桃的主产区，核桃产业起步早，但是核桃加工企业发展起步较晚，受到地区经济水平以及加工主体规模的影响，核桃加工层次低限制了核桃加工产品的多元化。目前南疆的核桃加工企业规模较小，加工设备欠缺，技术装备配置较低，加工工艺简单粗放，生产技术不成熟，对核桃产品的开发、利用处于初级阶段，核桃加工企业的生产能力还比较低，且主要以核桃原产品和核桃仁为主。

在核桃采后初加工方面，新疆各核桃企业主要依靠传统人工方式进行核桃脱青皮、清洗、干燥、分级、破壳处理，加工产能低。劳动力紧缺导致收获后的青皮核桃加工不及时，造成核桃霉烂变色，表皮发暗发黑，霉烂果、黑斑果比例上升，影响核桃品质，导致果农增产不增收。

二、核桃精深加工及综合利用水平低

核桃加工产业起步较晚、精深加工产品种类少，核桃产业链向下游延伸缓慢，尚未跳出核桃产品种类单一、核桃收益降低的发展模式。同时，核桃加工产业由于缺乏相关产品和技术，导致核桃残次果难以实现加工利用，核桃青皮、壳、隔膜等加工废弃物无法实现再利用来产生价值，导致核桃加工生产利润空间收窄，产业竞争力降低。

在核桃精深加工与综合利用方面，喀什、和田、阿克苏等地区主要是将核桃加工成核桃油、核桃粉（蛋白）、核桃乳饮料以及休闲食品，目前尚处于起步阶段，开发潜力巨大。核桃加工后，会产生大量的副产物，如核桃粕、青皮、壳、隔膜等，目前对这些副产物的综合利用水平较低。

三、加工技术应用推广不足

目前，南疆核桃产业的科技成果储备不足，实用技术推广普及与新技术应用水平较低。南疆地区核桃机械化作业水平低，核桃产业精深加工科技推广应用能力和实用技术较弱，难以满足现代核桃产业发展的需求。与云南、山西等核桃种植省份相比，新疆核桃产业在产品宣传、营销方面的投入也略显不足。从南疆核桃产品的销售情况看，南疆核桃产品售价持续走低，销售形势严峻。

第四节　核桃精深加工发展趋势分析

一、核桃营养健康产品发展规模分析

（一）坚果、核桃仁产量和供需分析

核桃坚果、核桃仁是休闲食品的主要原料。近年来，我国休闲食品的市场规模呈现增长态势。2021年我国休闲食品的市场规模较2020年同比增长11.68%，2022年我国休闲食品的市场规模约为1.62万亿元。相比传统的单品坚果，现如今人们更青睐口味多、营养价值高的混合坚果。2017—2021年我国混合坚果行业市场规模呈现逐年增长态势，2021年我国混合坚果市场规模为115亿元，较2020年同比增长16.16%。而在坚果消费者中，有近76%的消费者更偏爱混合坚果，23%的消费者偏爱单品坚果。因此，高品质的核桃坚果和核桃仁仍有较大的市场发展空间。

（二）核桃油产量和供需分析

随着核桃油储存技术、产业化技术的提升，我国核桃油产业将进一步发展。结合我国核桃油产量年均增速以及价格增速，预计行业年均增长率达10%，至2027年我国核桃油行业市场规模或达364亿元。近年来，我国核桃油市场快速发展，虽然核桃油营养价值较高，但由于成本高、产量少等原因，核桃油作为食用油中的小众消费品类情况仍将延续。随着核桃油生产技术的提升，生产成本下降，更多食用油或调味品行业企业将布局核桃油业务，技术领先的企业有望占据较大的市场份额。同时，伴随技术的研发不断推进，生产成本得到节省，产品竞争力也得到相应提升。核桃油作为重要的木本油料，有着独特的营养价值，在特医食品方面应用前景广阔，在特殊人群食用油、高级食用油和日常饮食用油方面也有广阔的发展空间。南疆核桃品质好，不少品种适于油用加工，随着制油技术的提高和核桃油产品的创新，核桃油产业具有较大的发展空间。

（三）核桃蛋白产品产量和供需分析

随着人口的增长，到2050年，我国国民对蛋白质的需求将增加30%~50%。蛋白质资源紧缺是一个世界性的问题，中国由于人口众多，资源有限，短缺尤为严重。植物蛋白中的核桃蛋白作为膳食蛋白的重要来源，由于其营养价值高、成本低、功能特性好等优点，已成为人们关注的重点植物蛋白资源。由核桃蛋白开发出的核桃生物活性肽和核桃乳具有很大的发展潜力。以核桃生物活性肽为原料进一步开发的功能性食品、保健食品和药品，在广泛投放市场后将产生更大的经济效益。南疆核桃在制油的同时，如能将核桃粕加以充分利用，开发相应产品，可为核桃加工降低成本，提高附加值，是核桃加工的重要方向。

二、核桃副产物的综合利用发展趋势分析

（一）核桃青皮综合利用

核桃青皮作为核桃生产中的副产物，目前未能得到充分的开发与利用，在果实采收后成为垃圾堆放在田间地头，造成了资源浪费和环境污染。因此，加大核桃青皮的开发和利用不仅可以减少环境污染，还可以实现废物再利用，提高核桃的附加值。在医学领域，核桃青皮乙醇提取物的乙酸乙酯萃取物和二氯甲烷萃取物对H_2O_2氧化损伤的A375细胞具有明显的保护作用，可用于治疗白癜风等疾病。在食品领域，核桃青皮主要用于天然食用色素的提取，已有研究证实了其良好的染色性能。例如，许泽宏等以核桃外皮为原料用氢氧化钠溶液提取了安全无毒的天然食用色素，并对其理化性质进行了测试研究，结果表明用核桃外皮为原料提取的天然食用色素，其色素附着力强，原料来源丰富，产率高，成本低，且安全无毒，具备良好的开发应用价值。在化工领域，核桃青皮可作为优良的染色剂，也可用于制备结构紧密的复合膜，符合新时代绿色、可持续发展的理念，减少了现有化学材料对环境的污染。除此之外，核桃青皮素是优质的着色剂，可用于高级染发剂，具有柔软、光亮、不脱色等优势。进一步研究核桃青皮性质，扩大应用范围，并结合市场需要，对核桃青皮进行深加工，将有利于将南疆核桃资源优势转化为经济优势。

（二）核桃壳综合利用

核桃加工取仁后会产生大量的核桃壳，这些壳多数被抛弃或焚烧，不仅造成了资源的极大浪费，而且还带来一定的环境污染。核桃壳作为一种化学惰性、无毒、可生物降解的硬质有机磨料，主要由纤维素、半纤维素、木质素等高分子化合物组成，同时含有酚酸类、黄酮类、苷类等多种活性物质，具有抗氧化、抗菌、降脂、抗肿瘤等作用。此外，在食品领域，核桃壳可用于提取棕色素、栽培食用菌、提取木糖等，既避免了核桃壳资源的浪费，又满足了人们对健康、安全的天然色素的需求。在医药领域，核桃壳在腹泻、白内障、口腔溃疡等病症的缓解和治疗中均有一定效果。任远方等发现采用核桃壳灸的方法可治疗眼部疾病，如白内障、干眼症、近视、视疲劳等。在化工领域，核桃壳的成分接近于木材，且内部通道多，化学性质稳定，表面含有大量的含氧官能团，是一种优质的活性炭生产原料，在适宜的工艺条件下核桃壳活性炭的吸附性能足以同商业活性炭相媲美。核桃壳综合开发利用是一个新型环保产业，属于循环经济领域。核桃壳的成本较低，加工后可变废为宝，能有效延长核桃产业链，增加附加值，开发前景广阔。

（三）核桃分心木综合利用趋势分析

核桃分心木是核桃果实中的木质隔膜，简称分心木，又称核桃隔膜、核桃瓣膜，呈薄片状，多弯曲体、质脆、体轻、易折断。传统中医学认为，分心木味苦、涩，性平，具有健脾固肾、固涩收敛、利尿清热等功效，常用于遗精、尿频、带下、淋病、尿血以及暑热泻痢等疾病的治疗。据统计，核桃分心木占核桃总质量的4%~5%，含有许多种有效成分，如挥发油、生物碱、黄酮、多酚、有机酸、糖类、氨基酸、蛋白质等，具有抗氧化、抗衰老、抑菌、降血糖以及抗肿瘤等作用。作为核桃中的不可食用的部分，分心木未能得到充分开发与利用，往往作为废弃物被丢弃，造成了资源浪费。在食品行业，分心木可作为保健茶、酒、醋、汤料以及着色剂等原料，发挥一定的保健作用。在医药方面，核桃分心木在镇静、催眠和降糖方面成效显著，在抗炎和抗心肌细胞损伤方面也有一定效果。在化工领域，以乙醇为溶剂、采用超声波辅助提取核桃分心木中的单宁浓缩液可用于印染,具有高效、安全的特点,且提取液易保存、易浓缩。此外,核桃分心木作为枕头填料有助于睡眠,还可制成猫砂、燃料、活性炭、环保涂料、染料等。核桃具有丰富的分心木资源,对其进行研究并加以利用,变废为宝,可更好地促进南疆核桃产业的发展。

第五章 CHAPTER 5

核桃种植生产与精深加工机械化应用

第一节　南疆核桃生产机械化应用现状

生产机械对于提升果园生产管理水平和管理效率，改善果园生长环境和提升果品品质具有重要意义。目前国内核桃生产机械化水平相对美国的高度机械化差距显著，尤其是在劳动量占到50%以上的机械化整形修剪以及机械化采收方面，远远落后于美国。

一、植保机械

南疆植保机械发展速度相对缓慢，由于传统的核桃园栽培方式存在行距过窄和行头过小等问题，成树行间基本无空间，机械设备无法通过作业，严重制约了果园生产机械化的实施。目前，果园应用相对较多的植保类机械主要分为手动药械和机动药械等。

（一）人力施药机械

目前南疆核桃园植保作业仍以人工为主，人力施药机械主要有手动压缩式喷雾器、手动背负式喷雾器、踏板式喷雾器及手摇喷粉器。在果园病虫害防治过程中很少使用手摇喷粉器，在植株较矮的果园，少量使用手动压缩式喷雾器与背负式喷雾器进行植保作业，该类机械喷雾压力低，射程较短，适合小面积的病虫害防治，即点和片的防治。踏板式喷雾器适用于较高大的树体，其工作压力比压缩式喷雾器和背负式喷雾器大，雾化效果也相对较好，缺点是喷雾压力不稳定，雾滴粗细大小不一致，雾化均匀性差，且作业过程中不便于移动作业，一般适合小规模果园使用。现有的人力施药机械普遍沿用传统的大流量、粗雾滴甚至雨淋式的粗放喷洒方式，喷出的施药液量大，雾化性能不良，作业功效低，农药有效利用率低，农药残留超标且极易造成对果实以及土壤环境的污染。

（二）机动药械

对于机动药械而言，担架式果园喷雾机在果园中使用最多，主要用于面积较大的果园作业，与手动药械相比工作压力大大提高，特点是体积较小，可以由两人抬起进行转移作业，也可装在机动三轮车上进行作业。

（三）风送式喷雾机（自走、牵引和悬挂）

近年来随着林果业的发展，林果业对植保机械提出了更高的要求。风送式喷雾机近两年在生产中逐步被推广，该设备通过拖拉机牵引，工作时移动方便，操作简便，适用性强，结构简单，造价便宜，作业时药物对操作人员健康的损害小，作业效率大大提高，完全能满足生产要求，基本实现或超过国外类似设备的作业效果。

（四）飞机高空植保作业

飞机高空植保作业适合于大面积病虫害防治。采用飞机植保作业，成本很高，农民种植户难以接受，需要政府给予补贴。在施药过程中，存在药物高空雾化飘移现象，药物利用率不高，穿透力不强，核桃枝叶受药不均匀，有病、无病植株同时受药，影响了植保作业效果。

二、施肥机械

施肥是核桃种植、生产中的关键环节，施肥的质量直接影响核桃树对养分的吸收，以及果实发育、种仁饱满度和产量的提高。开沟深施肥作业因其劳动强度高、作业面积大、次数多等原因，需投入大量劳力。机械化可以很好地替代繁重的体力劳动，缓解劳动力成本不断提高和青壮年劳力短缺的状况，减轻果农经济负担。现阶段南疆核桃园施肥作业方式主要有人工挖穴施肥、机械化施肥和水肥一体化施肥等方式。

果园机械化施肥有开沟施肥、挖穴施肥、气爆深松施肥和注射施肥等方式，其中沟施是现阶段果园常用的施肥方式，作业机具通常是开沟机或小型挖掘机，按作业方式的不同，用于果园施肥的开沟机械可以分为圆盘式、犁铧式、链式和螺旋式等4种类型。新疆各地目前机械施肥主要采用圆盘式开沟施肥，但现有机械普遍存在开沟深度浅，施肥后不能达到较佳的肥料利用效果。

三、整形修剪机械

核桃树的修剪、整形对于加快核桃树成形并获得丰产具有重要意义。通过调整骨干枝的数量和方向，及时更新结果枝组等，可避免大枝过多、枝间重叠，从而改善通风、透光状况，控制合理的叶面积指数，提高光能利用率，同时也为后期机械作业提供合理的行间距。在核桃栽培过程中，核桃树的整形、修剪环节占到核桃树管理的很大比重。南疆核桃果园普遍采用人工借助简单手动或电动修剪机械修剪，适合果园规模化修剪的机具十分匮乏，作业需投入大量劳力，给果农造成很大的经济负担。国内对果园作业平台、修剪机具的研究起步较晚，技术相对落后。但近些年，经过不断的发展，一些果园修剪机械被研发出来。国内目前多采用两种果园作业平台，即牵引式作业平台和自走式作业平台，但可用于规模化高效修剪的装备较少，仅依靠人工或简单小型机械，无法大幅度提高工作效率。随着果园修剪作业劳动力成本的不断上升，修剪机械特别是可用于规模化修剪的高效装备急需研制与推广。

四、采收机械

核桃采收是核桃生产全过程中最费工的两个生产环节之一，其又包括震落与捡拾两个环节。近几年，由于简易摇树机的出现并逐步普及，核桃采收工效大大提高，已基本摆脱完全依靠人工的传统采收方式，但核桃果实震落地面后的捡拾仍是用工多、劳动强度大、效率低的生产环节，加之这两年提倡的适时早采，核桃收获期集中，用工矛盾越发突出。核桃机械化采收装置主要分为两类：采摘装置和收集装置。国内的机械化采摘装置，包括便携式坚果采摘器、振摇式干坚果收获机、蜈蚣型采摘踏板、爬树式山核桃采摘机器人，以及核桃采摘升降平台等。其中，振摇法是应用最多的采摘方法，目前南疆核桃采收机械主要采用三点悬挂的振动收获机械，依靠拖拉机提供动力，核桃经振动落地后再由人工捡拾。落地后机械化收集去杂装置还处于研发阶段，并没有应用于实际生产,采摘、输送、清选收集3种装置远没有集成配套,和美国核桃收获的高度机械化相比,差距非常显著。因此,引进或研究振动采摘装置及输送、清选收集装置,并根据南疆核桃种植模式及农艺特点实现几种装置的集成与配套,实现新疆核桃的机械化采收,降低核桃收获生产成本,已经迫在眉睫。

第二节　南疆核桃精深加工机械现状

加工机械是推动南疆核桃加工业发展的基础。南疆的核桃加工技术还处于初级阶段,有规模的核桃加工企业较少,现有的加工企业、合作社主要依靠人工或简单机械,以初加工为主,存在加工水平不高、生产率低、成本高且加工产品质量难以保证等问题。南疆有好的原料,却不能就近加工增值,初加工率不足30%,精加工率不足10%。南疆核桃只能以原料的形式低价出售,这对于核桃加工增值、增加农民收入、推动地区核桃产业长远发展极为不利。

一、核桃初加工技术装备水平不高,规模化程度低

南疆各地核桃脱青皮、清洗、分级、分选、破壳取仁主要依靠人工或者小型机械,效率低、成本高、环境差,核桃贮藏保鲜技术缺乏,与种植规模和产量不匹配。核桃机械化脱青皮加工不足20%。由于核桃采摘期短,来不及加工,造成大量的果实腐烂、霉变,降低了产品商品化率,果品损失率达20%~25%。核桃清洗是为了外观洁净,但采用84消毒液或双氧水,造成果品品质下降。由于没有专用的烘干设备,清洗后的核桃多采用自然晾晒的方式,晾晒时间长达5~7天;而采用普通干燥设备,易导致核桃干燥不均匀,核桃仁褐变率高,白仁率不足50%,降低了核桃销售等级。核桃破壳取仁一般采取人工砸取的方式,效率低、劳动成本高,且核桃仁的产品质量无法保证。具有药用价值的核桃分心木,由于没有专门的分选装备,基本混入核桃壳中被浪费。

二、精加工低损及智能化技术装备不足

核桃仁种皮易破损,破损后容易氧化且影响品相。国外由于贮藏条件完善,且核桃仁主要用于深加工,对核桃仁外观品质要求相对较低;国内贮藏条件有限,消费习惯以完整的核桃仁为主,对破壳后核桃仁外观要求较高。

核桃破壳以及核桃仁分级过程对商品品相损伤最大,目前还没有成熟的低损破壳和核桃仁低损分级设备,我们需要对现有破壳分级工艺技术和设备制作材料进行优化改进。核桃经粗选后,对混有少量核桃壳的壳仁混合物料,采用光电智能分选分级技术是较为理想的方法,其精度高、伤仁率低。国外智能分选技术已广泛用于核桃仁精选,国内在果品智能分选研究方面已经取得了一定进展,但南疆地区尚未产业化应用。

三、鲜果贮藏保鲜及原果采后杀虫技术装备缺乏

核桃鲜果保鲜可以延长贮藏时间,增加产品的销售种类,提高产品的商品价格。但鲜核桃在贮藏期间易出现青皮褐变腐烂、果仁腐败、发霉、失水等问题,现有的技术装备主要是针对原果核桃(干果),鲜核桃保鲜基本处于空白。我们亟须开展青皮核桃、鲜果核桃、鲜核桃仁的贮藏保鲜研究,提出适宜核桃鲜果贮藏的工艺技术、装备、鲜果包装方式,解决鲜核桃贮期短、风味丧失、嫩仁色泽褐变、营养成分下降、发霉等问题。

核桃在贮藏中的损失率高达20%~25%,虫害是造成损失的主要因素之一。传统的化学杀虫熏蒸时间长、药剂残留量高,毒害人体和环境。辐照杀虫(γ射线、x射线、电子束)基建和设备投资大、灭酶效果不好。射频杀虫技术由于具有良好穿透性、杀虫率高、对果品无损伤的优点,为杀灭核桃害虫和提高核桃贮藏周期提供了新的技术途径,但尚没有成熟的设备应用于实际生产中。

四、深加工工艺技术不成熟

核桃油的提取方法有很多，不同提取方法各有利弊，需要综合考虑实验需求、产业效益、食用要求、营养价值等进行选择。国内对核桃蛋白结构、组成和功能特性的研究相对较少，且研究的深度不够；主要利用碱溶酸沉的方法来制备分离蛋白，方法比较单一；核桃蛋白功能方面的研究较少，尤其是核桃蛋白改性方面的研究更少。核桃青皮的主要化学成分有挥发油、脂肪酸、核桃多糖、胡桃醌及其衍生物等，具有较高的医用价值，目前核桃青皮的利用主要集中在色素的提取、农药杀虫剂的制备和植物染发剂的开发上面，且均限于实验室研究阶段，还未实现产业化。南疆缺乏核桃精深加工工艺技术装备，导致高附加值产品开发极少。目前，新疆的核桃饮料加工，核桃粉、核桃油、核桃乳加工，功能性保健油脂、蛋白、青皮棕色素、多酚、总黄酮、多糖等提取、纯化、干燥工艺技术装备研究才刚起步，相关精深加工企业少，规模小，通过国家质量和食品安全管理认证的林果企业不足50家，加工和销售能力达到1000吨以上、有品牌有市场开拓和研发能力的龙头加工企业仅30余家，果品精深加工率不足10%，增值十分有限。

第三节 存在的主要问题及原因分析

一、种植模式宜机化程度低，制约机械化发展

推广核桃生产机械化，必须采用适合机械化的种植模式。目前，南疆存在大量核桃园套种粮食、经济作物等情况，在和田地区，林粮间作比例达80%。林粮间作虽然可以增大区域粮食的种植面积，在一定程度上满足农民的粮食需求，但从果园机械化作业角度考虑，林粮间作不适合果园生产管理和果品采收机械化作业要求，制约了当地林果机械化的推进。同时新疆核桃密植园株行距过小，导致机械不能进地作业。一些地方已经开始减少核桃园

套种，同时采取移树的方式，调节核桃园株行距，在机械化推进方面取得一定成效。

二、核桃大面积种植，主产区优势弱化，品质下降

随着南疆核桃产业的发展，其种植面积迅速扩大，传统主产区的优势被弱化。"大干快上"式的林果业发展模式依然存在，很多地方投入资金大规模推动单一品种的种植，对是否适宜种植、效益如何、供需状况等，缺乏系统、科学的分析和宏观布局，造成能种即为优势的假象，加剧了恶性竞争，导致产品竞争力下滑。

三、核桃园管理粗放，果品一致性差，可加工率低

南疆核桃品种较多，果园栽培管理没有统一的标准，造成核桃园品种混杂。核桃不按品种收获，坚果大小、形状、果壳厚度和强度一致性差，造成商品率低、机械加工难度大、可加工率低，同时影响核桃原果的销售价格和效益。尽管南疆核桃良种化已推进了10余年，也取得了十分显著的效果，但品种混杂现象依然存在，尤其在和田、喀什地区。现主栽品种在产量品质方面与美国的'强德勒'等核桃品种相比，仍然存在较大的差距。

四、核桃机械化技术发展滞后、供给不足

核桃机械化技术发展滞后，机具的种类数量和性能还不适应产业的发展需要。核桃机械化发展不均衡，部分领域的机具研发力度远远不够，现有机具和参数信息不透明，"有机难用"和"无机可用"现象同时存在。虽然南疆林果业生产综合机械化水平高于全国林果业机械化平均水平，但与本区主要农作物的综合机械化水平相比，仍然处于较低水平，从本区林果业种植环节的机械化水平来看：植保机械化水平>田间转运机械化水平>中耕机械化水平>施肥机械化水平>修剪机械化水平>采收机械化水平。

五、农机购置补贴力度有限

农机购置补贴及机械化作业补贴力度有限,制约了新技术、新机具的示范推广,我们需要争取特殊的补贴和补助政策。新疆是脱贫攻坚主战场,刚刚脱贫的地区,特别南疆地区农牧民的购买力不足,差别化补贴标准政策实施后,南疆五地州补贴标准按足额30%测算,略高于全疆其他地州市的补贴标准,但由于自筹压力仍较大,带动效应有限。

六、林果业标准化发展滞后,影响林果业产品的质量

现有的园艺标准、林果业机械化标准存在不全、不统一、质量不高、贯彻实施力度不够、不适合实际作业状况等缺陷,果园建设缺乏高标准指导,宜机化改造工作缺乏技术规范,导致果园建设参差不齐,难以发挥机械化作用,缺乏高标准的全程机械化示范园,不能很好地示范指导种植户、合作社和企业开展生产经营活动。

第六章 CHAPTER 6

核桃市场营销

第一节　南疆核桃市场营销现状

市场营销的目的就是要建立南疆核桃从生产基地到内地密集消费市场的高效、便捷的流转通道。2021年我国核桃种植面积约1.12亿亩，总产量达540.35万吨。新疆用5.5%的核桃种植面积，提供了全国28%的核桃产量，充分显示了本区域核桃的种植优势。但是，由于新疆远离内地密集消费市场，物流成本高、市场信息实时感知度低的客观条件制约了南疆核桃的市场营销能力和市场竞争力的发挥。为此，在新疆维吾尔自治区党委和政府的领导下，各地区、各企业积极开展营销渠道的建设，多措并举，齐头并进，在巩固和拓展传统营销渠道的同时，大力发展电子商务、连锁经营、现代物流等，特别是2018年以来，自治区启动"两张网"工程，取得了市场营销建设的扎实成效，仓储加工能力明显增强，产业化经营水平显著提升，促进了核桃产业提质增效、农民持续增收。

一、南疆大型企业进入内地市场形成市场开拓新主体

自治区党委、政府十分重视企业在市场开拓中的主体作用，通过举办展会、给予企业补贴等方式鼓励区内企业积极参与市场开拓工作。经过多年的发展，以新疆果业集团为代表的大型企业开始进入内地市场，在内地大市场建立产权归己、立足长远发展的新疆农产品展示直销中心，并以展示直销中心为依托，建设专营店、连锁店、加盟店、商场专柜（区）等店铺，形成合理的市场布局。

新疆果业集团采取"自建+并购"等方式，在全国累计新建、巩固农产品销售网点3348家，其中社区生鲜店1044家，商超专柜及营销网点2304个，主要位于广东、湖北、湖南、北京、吉林等省市。建设内地物流分仓6个：广东3个、湖北1个、西安1个、北京1个。在实体销售取得成效的基础上，集团创新经营方式，

引入网络销售理念，变传统销售为集展示、体验、交流、洽谈、销售等多种功能为一体的营销模式，按照"线下+线上"的立体组合模式，依托国内知名电子商务网站搭建起新疆特色农产品电子商务平台。集团结合大数据分析，依托基地资源、"疆外销售网"网点和第三方物流配送，实现了特色农产品销售从传统渠道到社区直营、从独立经营走向全国合作经营的转变。南疆农产品出疆量逐年增加，在内地各类市场的销量逐年上升，在内地的市场份额不断扩大。

通过大型企业集团的带动，南疆本土企业、协会、合作社等开拓内地市场的积极性显著提升，市场开拓新力量正在形成，在市场开拓中发挥着越来越重要的作用。

二、市场开拓极大地推动自治区内生产基地不断升级

以市场开拓为前提，新疆根据市场对核桃质量、食用安全等方面的需求，核桃生产基地建设提质增效，为市场开拓提供优质产品。

"疆内收购网"把核桃项目重点布局在阿克苏、喀什、和田地区3个核桃优势产区，覆盖温宿县、乌什县、新和县、和田县、墨玉县、叶城县等，占南疆核桃产量的95%。同时，加大核桃加工转化力度，延长产业链条，扩大产业增值收益。引进分选、烘干、脱皮、脱衣生产线20条，核桃、核桃仁日加工能力达到7000吨，主产区核桃青皮加工率由过去的不足20%提升到80%以上，有效解决青皮核桃腐化、沤烂、脱皮、核桃仁发黄、发黑等问题，核桃白仁率由原来的25%提升到70%以上，核桃商品率和附加值大幅提升。构建起从基地、加工、交易、冷链仓储、物流配送、运输到终端销售的产业链聚集性发展平台，形成了专业化、规模化、市场化、社会化的核桃产业生产服务体系，加快了核桃产业提质、增效的步伐。

三、市场开拓进一步提升南疆优质核桃的品牌影响力

2019年，新疆果业集团首次签订了7000吨核桃、核桃仁出口订单。近几年，该集团年均出口核桃及核桃仁30000多吨，塑造了绿色、生态、优质、安全

农产品品牌的形象。先后与淘宝、京东、快手等第三方平台合作，组织开展新疆特色农产品网络推介会、"汇聚新疆"、"好物·只为疆来"、"杏福来敲门"等大型农产品促销活动，形成了以"新疆农产品交易中心"为平台，以"西域果园"为主的南疆优质农产品品牌及"果叔"为龙头的新疆农产品销售渠道品牌。南疆核桃的产业规模不断扩大，产品知名度、品牌效应和市场开拓能力不断增强。

四、市场开拓充分保证了农民收入的不断提高

自治区党委、政府坚持大力加强农产品市场开拓，在强化基地建设和市场开拓的同时，带动加工、转化及全产业链各环节发展，促进农民持续大幅增收。

林果业的快速发展，已经成为自治区农民增收的主导，自治区农民人均来自林果业的收入突破1000元，增收部分占当年增收的1/3以上。一些林果业发展较早的县市，林果收入已占农民年收入的50%。自治区党委、政府通过疏通农产品销售渠道，实现了产销对接，带动了加工业的发展和农民的转移就业，促进了农民持续稳定增收。

第二节　存在的主要问题及原因分析

从南疆核桃产业整体来看，市场营销中突出的问题可归结为五个方面：

一是南疆核桃产业在产品和服务上与市场需求的贴合度和响应度不够高，未能对市场需求及其变化做到精准有效把握，市场信息的捕捉能力和分析能力不够强，面向市场需求的新产品创新力度不够大，引领市场需求的能力就更加不够了。

二是虽然建设了"两张网"工程，从市场营销的体系架构上实现了从南疆核桃主产区到内地密集消费区的联通，但是很显然，"两张网"工程是覆盖新

疆核桃种植、生产、加工、销售全过程的核桃流通体系，包含了核桃营销的商流、物流、资金流、信息流的全部要素，其中各个环节的有效衔接和高效运行决定了营销的效率和效益，以标准化为引领的产销一体化还刚刚起步，远未达到当今以数字化、智能化为特征的新时代经济技术的平均水平。

三是从核桃产业角度看，在品牌（包括区域公共品牌、企业品牌和产品品牌）创新方面缺少系统化的整体设计与规划，南疆核桃的品牌定位尚不清晰。目前的状态是各个企业"八仙过海——各显其能"，面对其他省份核桃产品的市场竞争，无法凸显本区的品牌竞争力，也无法发挥整合营销的协同效应。

四是虽然在"疆内网"工程中，在和田、叶城、阿克苏等核桃主产区建设了核桃仓储加工交易中心，为形成通往内地的营销渠道建立了平台，奠定了基础，但据实地调研，从核桃主产区到国内各地区的渠道宽度（基于经销商数量的渠道指标）与有效消费人口系数的指标不匹配，说明各营销渠道的连接强度分布不均，有待加强。

五是缺乏对核桃市场销售信息的统一收集整理。南疆核桃产品的市场销售规模日趋扩大，但对核桃市场销售信息缺乏统一的收集、整理和分析。核桃的对外销售量，销售地区及不同地区、不同品种的销售价格等重要指标信息均没有系统的统计。各部门数据零散，缺乏统一性和整体性，影响市场开拓的决策和部署。

第三节　南疆核桃市场营销发展方向和趋势

一、加强品牌建设，提升产品质量

面对日趋激烈的核桃市场竞争，品牌化建设是提升南疆核桃市场竞争力的重要基础，而品牌价值是通过产品质量体现的，只有提高南疆核桃产品质量，才能在市场竞争中立于不败之地。首先，必须充分认识到品牌建设的重要性，加大培育和创建品牌的力度，利用新疆地域特色，打造区域大品牌和全国知名品牌。其次，质量是品牌的生命力，建立产品质量标准体系，实施规模化、专业化、标准化生产，保证品牌产品的质量。最后，要加大宣传南疆核桃品牌，对已有品牌加大保护力度，坚决杜绝以次充好、以劣充优的现象，明确细分市场，合理定位市场，制定南疆核桃品牌战略，提升南疆核桃市场知名度，抢占高端市场份额。

二、打造地区品牌，实现品牌与目标市场的有效对接

用好实践案例，讲好品牌故事。增强品牌危机管理能力，健全危机预警体系，加强舆情信息监测，切实防范品牌风险。在品牌建设过程中，必须把品牌塑造与客户需求紧密结合起来，用良好的客户体验推动品牌入脑入心。

目前，各超市销售带包装的核桃，品牌繁多杂乱，无法形成大品牌效应，也不能提高消费者的品牌认知度，而在批发市场，南疆核桃都以散批、散卖为主，核桃质量优劣不一，大多是好坏混售，无法实现优质优价，甚至产生"柠檬市场"现象。这两种局面，我们必须尽快扭转。

三、打造南疆核桃产业品牌

南疆尚未形成核桃产品综合开发利用模式，仍停留在脱青皮、清洗、漂白等初加工阶段，核桃油、核桃粉、核桃乳等深加工产品还处于起步阶段，南疆核桃综合开发利用的空间还很广阔。南疆核桃在市场上颇受欢迎，但在核桃乳、核桃油、核桃蛋白粉等产品上没有较大的品牌影响力。品牌能提升企业的格调，是企业的灵魂，可获得更多的关注度与知名度，进而提高利润，可以说，企业最终做大离不开品牌。因此，我们应打造农产品区域公共品牌和企业品牌，提升产品形象，充分整合现有资源，做优做强主导产品品牌，形成规模效应，以主导产业带动其他核桃优势产业发展。

四、利用大数据实现品牌的精准培育，提高品牌竞争力

运用大数据实现市场定位精准化——快速了解目标市场消费者和潜在消

费者的真实需求，精准细分市场、明确市场定位，是推动品牌建设的重要环节。首先，要在保证数据采集细致和全面的前提下，使用大数据算法构建消费者细分模型，获得较多的有效群体，并保证这些群体有着相对集中的需求特征。其次，要构建大数据算法快速反应机制和市场调研与大数据融合机制，提升市场细分的准确性。最后，通过开展不同类别市场与消费者的大数据画像，为品牌精准培育提供关键信息。

大数据技术在品牌培育工作中的应用方向主要有：利用大数据分析，实现品牌精准定位，合理满足消费者需求；基于数据分析提取零售客户和消费者反馈的有价值信息，智能化完善产品，科学改进服务。分析大数据可以帮助企业更好地了解市场和客户需求，并根据这些信息制定更有效的策略，从而提高品牌竞争力。

第七章 CHAPTER 7

对策及建议

第一节 核桃品种与种植生产

一、坚定不移地推进核桃品种良种化

核桃品种良种化是南疆核桃产业发展的重要保障，一方面持之以恒推进良种化，是南疆核桃在激烈市场竞争中"走出去、走进去、走上去"的基础；另一方面，社会发展要求新疆设立专项资金，长期持续支持核桃新品种选育工作，不断推出适应种植环境和市场需求的更新换代新品种。

良种是产品占领市场的基础，只有发展优良品种，实现产业良种化，才能充分发挥果实产量品质优势，并在较长时间内保持产业地位，为农民增收、为区域巩固脱贫攻坚成果贡献力量。随着全国核桃种植面积的迅速增加，核桃市场竞争日趋激烈，对核桃的品质、特色、效益要求愈来愈高，核桃良种化发展的目标是生产优质、高产、低耗、无公害的干果，具有地方特色的高品质核桃才能有效地提升市场竞争力。为了实现良种化、特色化，在选择种植品种时，要因地制宜。此外，还要加强对园区内的劣树更新。随着南疆核桃良种化的进一步发展，南疆核桃"走出去"也有了更为扎实的基础。

二、实行核桃生产直补政策

核桃的生产周期长，结果较晚，导致农户种植核桃的积极性不高，虽然南疆核桃种植面积位列全国前茅，但种植核桃的农户普遍不具备规范化种植、规模化种植以及现代科技化种植的产业意识，种植核桃的主观能动性不高。政府可以像支持粮食、棉花产业发展一样，对南疆核桃生产给予基本投入补贴，调动果农生产的积极性。

核桃良种化发展，能够充分发挥核桃种植的经济优势，还能够打造出更具地区特色的品牌，这对于南疆核桃"走出去"有重要意义。

三、积极推进标准化生产，提高机械化水平

2020年，自治区印发《关于进一步加强自治区林果业标准化工作的实施意见》，明确提出要加快新疆林果业标准化建设，健全林果全产业链标准体系，全面实施主栽品种管理模式标准化、病虫害防治技术标准化、产品质量分级标准化、"两品一标创建"标准化。标准化是林果业发展的一项基础性工作，是助推林果业高质量发展的有效手段。南疆地区的核桃种植，绝大部分是几亩、十几亩的农户分散种植，需要在今后探索新的生产组织形式，推动从分散经营转向专业化、规模化、集约化发展。南疆核桃应严格按照核桃栽培技术规程组织生产，大力开展"三品一标"认证工作，依托标准化生产，生产优质、绿色、安全的核桃产品，坚持质量兴农，增强南疆核桃的市场竞争力。

"大国小农"是我国的基本国情、农情。土地细碎造成了农机农地不耦合、农机农艺不匹配的发展现状，制约了现代化农业的发展。结合南疆实际，我们应加大核桃专用机械研发和人才培养力度，改变传统生产方式，提高核桃生产机械化水平，并促进核桃生产农机农艺融合，积极推进核桃生产全过程机械化，降低生产成本。

第二节　核桃精深加工

精深加工能够最大限度地提升农产品附加值和竞争优势。虽然我国市场上核桃加工产品的种类不断增加，对核桃的需求也在逐步增长中，但是我国核桃产品精深加工水平依然普遍较低。初加工可以使核桃农产品发生量的变化，精深加工可以使核桃农产品发生质的变化。深加工产品比初加工产品的毛利率更大，市场竞争更小。核桃产品精深加工技术能够有效扩充核桃本身的经济价值，核桃精深加工是发展的大势所趋。在南疆现有核桃种植规模下，应积极引进和培育核桃深加工企业，打造本地优秀品牌，引进先进技术与设备，鼓励

高校、科研院所与企业联合开展核桃深加工产品研发与生产，延伸核桃深加工产业链条，因地制宜地开发核桃深加工产品。地方政府、企业、农户应做好沟通协调，保障核桃产业稳步健康发展，提升核桃产业综合经济效益，带动区域经济发展和农户增收。应利用电商与传统加工业结合的模式，立足产业优势，统筹谋划，加强规范引领，推动核桃精深产业持续发展，探索建立电商标准化发展路径和模式，为乡村振兴注入活力。

一、把控核桃深加工原材料品质

目前，核桃深加工企业的采购模式主要分为两种，一种是跟合作社或者核桃种植企业合作，另一种是直接向种植户购买。原材料的品质对精深加工产品的品质起重要作用。随着现代食品工业的发展，食品企业对原材料的要求不断提高，在原材料采购与质量检测方面更加严格，而分散种植、管理与销售，对传统种植业者的核桃销售十分不利。所以，大力发展核桃精深加工、延伸产业链条要依靠优质的核桃原料，从源头培育良种，需要通过"农户+企业"或者"农户+合作社"等模式，对以往的分散经营实行集中管理。为了核桃精深加工企业的高质量发展，我们应搭建核桃收购、仓储、交易、销售等链条，打造一体化的核桃交易市场，并以此为核心进一步打造特色核桃产业发展区。

二、持续推进核桃精深加工和副产品综合利用

随着社会经济的发展，人们对核桃的营养和药用价值的认识不断深化，对核桃的需求和品质的要求也越来越高，核桃在市场上的价格也大幅度上涨，核桃产品前景好，为市场提供多样化的核桃营养食品是核桃产业发展的一个必然趋势。我们应引进前沿的精深加工及综合利用技术，加快对传统核桃加工产品的升级换代，进行核桃精深加工产品研发，实现核桃产品的多样化、档次化、功能化，最大限度地利用核桃资源，提升核桃产品的附加值。

一是继续巩固核桃系列传统产品的生产，丰富核桃加工产品种类，扩大核桃产品生产规模，提高产品品质，结合南疆风景名胜区相关旅游项目的开发，

大力开发核桃旅游产品。二是充分利用核桃及其加工副产物资源，开展核桃精深加工产品的研发，如利用核桃油中的油酸、亚油酸和亚麻酸等多不饱和脂肪酸研发具有特殊营养功能的核桃油产品，利用核桃粕原料开发功能性蛋白肽产品等。

三、加快培育南疆核桃精深加工龙头企业

核桃全产业链模式是我国现代农业发展的必然趋势。核桃精深加工企业是产业链内生产要素中最重要的产业实体，企业品牌效应会增加企业收益，增强产品竞争力。龙头企业的统领作用可以通过自营、并购、契约等方式实现，也可以通过与农户、合作社建立合作联盟实现。龙头企业的过程控制，特别是关键环节的直接管控，可以保证核桃产品的质量。

一是要加大对核桃加工企业的扶持力度，通过引进培育核桃产品精深加工企业、鼓励企业设立企业技术研发中心等方式，加快核桃功能性脂肪酸、核桃优质蛋白、核桃保健产品的研究与开发，提升产品档次，丰富产品种类，提高附加值。二是要通过精深加工开发核桃粕、核桃壳等综合利用项目，加强副产品开发、利用的研究，提升核桃精深加工和综合利用技术水平与产能，延伸核桃加工产业链，真正发挥核桃浑身是宝的资源优势。

对于自治区内的重点龙头企业，国家在基地建设、原材料采购、设备引进和产品出口方面，要有计划地、分期分批地予以重点扶持。

实现南疆核桃产业提质增效，就是要引导核桃加工企业根据市场需求及产品用途，不断探索核桃产品的加工工艺，延长核桃干果的产业链，提升产品附加值。要积极营造良好的商业环境，壮大龙头企业、初级加工企业、合作社、种植大户等核桃产品经营主体，积极打开核桃市场，促进核桃产业的发展，打造核桃"种植生产—产品加工—商品销售"的良性循环，创造出大而优的品牌。营造市场营销网络，使核桃相关产品逐步参与国内外竞争，促进核桃产业做大做强。具有一定实力但品牌效益不明显的企业，通常会采用"市场+企业基地+农户"的全产业链模式。该模式的最大优势是可较好地发挥农业生产企业对

生产基地周边农户的带动作用。

南疆主要核桃精深加工企业见表7-1。

表7-1 南疆主要核桃精深加工企业列表

地区	企业名称	注册资本金	产品
喀什	喀什光华现代农业有限公司	1亿元	核桃油（1000吨）、核桃仁、核桃原果（5000吨）
	疏附县希域农林科技有限公司	3000万元	有机冷榨核桃油
	叶城县亚克西科技开发有限公司	100万元	核桃油
	喀什宝地食品有限公司	1000万元	核桃汁
	叶城三诺农业科技开发有限公司	1000万元	核桃油（25吨/日），核桃蛋白（3吨/日）
和田	新疆和田果之初食品股份有限公司	1亿元	核桃油、核桃原果（8000吨/年）、核桃仁（5000吨/年）、脱青皮核桃（150吨/日）
	新疆和田伊山农业科技发展有限公司	261万元	核桃仁、核桃粉、核桃油
	新疆阿布丹食品开发有限公司	2259万元	核桃玛仁糖、核桃油（150吨/年）
	和田惠农电子商务有限公司	1.34亿元	核桃仁、调味核桃仁、核桃油、核桃蛋白等产品
阿克苏	温宿县启德油脂有限责任公司	814万元	核桃油（2万吨/年）
	阿克苏浙疆果业有限公司	1000万元	核桃仁、风味熟制纸皮核桃、核桃油、核枣糕，年加工核桃15000吨

第三节　核桃市场培育

一、多措并举，加大市场开拓力度

一是构建"产加销"一体化发展链条。以"疆内网"核桃仓储加工交易集配中心为支点，建立南疆核桃仓储、加工、交易一体化产业平台；基于"疆外网"全面推进"商超卖场联营"销售网点建设，进一步开辟销售渠道；基于县、乡、村三级收购服务网络整合、培育、联合多方力量，开展核桃购销业务，巩固完善南疆核桃全国供应链系统，畅通国内市场大循环，稳步扩大南疆核桃在各城市的销售规模。

二是建立公共营销服务平台。进一步提升"疆内网"B2B电子商务交易服务平台的服务功能,培育和服务农民经纪人、小微企业及采购商,实现交易服务、市场信息、第三方支付、金融服务等一站式网上批发采购服务,形成集网上交易、供应链管理、互联网金融和社会化服务为一体的南疆核桃交易服务平台。联合自治区内外上下游企业,聚集生产、品牌、物流、渠道资源,形成合力,构建流通企业、采购商、生产者紧密合作的农商产业联盟,推动建设开放型、多元化、市场化核桃营销服务平台,促进核桃购销交易。

三是构建核桃国内国外双循环供应链体系。近3年,在国内市场以增加一线城市的销售网点为主,在国外市场以开拓中亚地区市场为主。随着转型升级的不断深化,产品逐渐从低端向中高端过渡,国际市场的重心向欧美市场转变,实现销售市场的升级。

二、积极宣传推介——扩大影响力和知名度

品牌最大的价值体现在差异化上,在宣传时我们突出南疆本土品牌的特征,才有可能形成品牌印象。消费者对核桃最大的印象就是补脑健脑,因为核桃富含多种促进脑发育及神经保护功能的物质,如数量可观的多不饱和脂肪酸和其他一些抗氧化物质多酚、褪黑激素、维生素E等。核桃也是美容食品中的佼佼者,是健康专家们公认的抗老美容剂。核桃富含抗氧化剂维生素E,维生素E可以捕获人体生物氧化产生的自由基,从而使人体细胞免受自由基的氧化损害,因而具有抗衰老的功效。此外,核桃中富含亚油酸,亚油酸能促进皮肤发育和增加皮肤营养,也有利于毛发健美。女性消费者是新时代的消费主力军,越来越多的品牌将目光投向了女性,所以南疆核桃产品营销的方向可以向女性美容食品转变,让消费者了解到核桃美容养颜的作用。我们应通过宣传部门,在央视及省区市主流媒体、新型媒体开展南疆核桃产品公益宣传推介活动,举办并积极参加国内外相关产品展示展销会,扩大影响,提高南疆本土品牌知名度和市场竞争力。与此同时,我们要充分发掘南疆核桃的历史文化,增

加和丰富南疆核桃的文化底蕴，以文化促进和助推产业发展。可将文化与品牌推广相结合，品牌是显性的，文化是隐性的，二者结合可以相互促进，二者都是塑造企业影响力、领导地位的有力武器。

三、加大对专业合作社和林果专业技术社会化服务的扶持

培育新型经营主体，积极探索土地流转形式，组建农民专业合作社，培育新型职业农民，支持林果龙头企业和农民合作开展核桃生产、加工服务，积极推动以政府购买服务的方式，对核桃种植生产环节的社会化技术服务进行扶持，促使各项生产技术标准和规程全面贯彻落实，实现南疆核桃生产的标准化、规模化和产业化。"林果社会化服务+企业基地+农户+标准"的产业链模式是以企业专业化的核桃加工与成熟的市场为基础，辅以生产基地周边农户核桃产品生产支撑的一种农业产业发展模式。企业可以利用自己对市场的把控，以及产品标准来指导农户。该模式的最大优势是可较好地发挥农业生产企业对生产基地周边农户的带动作用，实现以点带面，以面带全，真正服务于地区核桃产业的发展。

附件

南疆核桃主栽区域划分表

主栽区名称	主栽区域范围及品种	土壤、气候因素
阿克苏地区	该主栽区包括位于塔里木盆地西北部边缘的绿洲地区，天山南麓的温宿、阿克苏市、库车、沙雅、新和、拜城、乌什、阿瓦提等地区，主栽品种为'温185'，乌什县种植'新新2号'较多，在阿克苏地区北部为'温185''新新2号''扎343'和部分其他品种。	阿克苏地区位于78°03′~84°07′E、39°30′~42°41′N之间，属温暖干旱气候地区。海拔945米，地势北高南低，由西北向东南倾斜，地势相对平坦，土层深厚，属于冲积扇平原绿洲区，该区土壤质地主要为壤土、砂壤土，土壤养分中等偏下。光热资源丰富，降水量较少、蒸发量大、气候干燥，年日照时数2500~3136小时，平均日照2809小时，全年日照百分率在60%~70%，年均温10.8℃，日均温≥10℃天数有197天，年平均≥10℃稳定积温达3953℃，≥20℃稳定积温达1857℃，无霜期190~220天。
喀什地区	该主栽区核桃主要分布在喀什、疏勒、英吉沙、泽普、莎车、叶城、麦盖提、巴楚、岳普湖等地区，位于塔里木盆地的西部和西南边缘的绿洲地区，垂直分布在海拔1000~1500米范围内。核桃种植在可灌溉的农耕地上或散生。在喀什地区，'温185''扎343''新新2号''新丰'分布比例相当，喀什西部地区种植了较多其他品种。	喀什地区位于73°20′~79°57′E、35°20′~40°18′N之间，属暖温带大陆性干旱气候带，境内四季分明。平均海拔高度1289.5米，三面环山，向东敞开，地势西南高东北低，以高山植被、灌丛、草甸草原地貌为主。平原区耕地类型为灌淤土和潮土，土壤较黏重，土壤有机质含量偏低。作物生长季光热资源丰富，冬季无严寒，但低温期长，夏季有害高温天气少，酷暑期短，光、热资源充沛；光照长，气温年和日变化大，降水很少，蒸发旺盛。无霜期220天左右，年有效积温可达4200℃，喀什平原气候区，年均温11.4~11.7℃。
和田地区	该主栽区分布在塔里木盆地南缘的绿洲地区，包括和田市、和田县、墨玉、皮山、洛浦、策勒、于田、民丰等地区，主栽品种包括'扎343'和'新丰'两个品种为当地的主栽品种。	和田地区位于77°31′E~84°55′E、34°22′N~39°38′N之间，属于暖温带极端干旱荒漠气候，大陆性干旱半干旱区域。海拔在1050~7167米，地势呈南高北低走向，该地区土壤沙化和盐渍化问题较严重，生态环境极为脆弱敏感。光热资源丰富，夏季炎热，冬季寒冷，四季分明，热量丰富，日照时间长，年日照时间达2500~3500小时，昼夜温差及年较差大，无霜期长，空气干燥，气候带垂直分布也较明显。平原绿洲区年平均气温11.0~12.1℃，年降水量28.9~47.1毫米，年蒸发量2198~2790毫米。平原绿洲地区≥0℃的积温4507.1~4783.0℃，≥10℃的积温406.1~4311.6℃。

参考文献

[1] 曹卓、王明娟、孙治国等：《温宿县核桃产业发展现状与展望》，《农业展望》2022年第5期，第72—76页。

[2] 柴丽华、马晓玲、石磊岭等：《核桃青皮醇提物体外抗氧化活性研究》，《粮食与油脂》2022年第12期，第141—145、150页。

[3] 董嘉梁：《利用山核桃壳等废弃生物资源培养金针菇》，《安徽农学通报（下半月刊）》2011年第14期，第226、276页。

[4] 《各地进出口要情》，《中国海关》2022年第2期，第6—7页。

[5] 国家统计局：《中国统计年鉴》，中国统计出版社2022年版。

[6] 何爱民、吉洋洋、李娜等：《核桃分心木食药价值及其在养生酒上应用研究》，《食品工程》2021年第2期，第52—54、62页。

[7] 胡东宇、高健、黄力平等：《南疆四地州核桃产业现状与发展思路》，《北方园艺》2021年第13期，第148—154页。

[8] 胡东宇、黄力平、高健等：《促进新疆林果业机械化发展的对策研究》，《中国农机化学报》2021年第4期，第211—216、222页。

[9] 洪茜茜、叶永丽、张银志等：《核桃分心木化学成分及功能活性研究进展》，《食品研究与开发》2021年第7期，第194—202页。

[10] 蒋红芝、覃微、李海冬：《核桃分心木单宁提取及其对羊毛的染色工艺》，《毛纺科技》2022年第7期，第31—36页。

[11] 李娟：《浅谈凤庆县核桃深加工及其综合开发利用》，《内蒙古林业调查设计》2015年第6期，第114—116页。

[12] 李源、马文强、朱占江等：《新疆核桃产业发展现状及对策建议》，《农学学报》2019年第7期，第80—86页。

[13] 李妍清、钟兵：《关于推进核桃良种化发展的调查与思考》，《农村经济与科技》2019年第21期，第196—197页。

[14] 梁萍：《共同富裕视域下云南核桃产业发展探析》，《当代县域经济》2022年第9期，第14—16页。

[15] 梁英、王安民、张治有：《推进核桃良种化发展的调查与思考》，《北方果树》2013年第4期，第4页。

[16] 刘敏、王秀强：《新疆农副产品加工产业发展对策建议》，《老字号品牌营销》2020年第8期，第20—21页。

[17] 刘娅、董瑞、颜海燕等：《薄皮核桃壳活性炭处理啤酒工业废水的研究》，《石河子大学学报（自然科学版）》2011年第1期，第94—97页。

[18] 刘燕：《核桃综合深加工的思路与技术评价》，《农业开发与装备》2020年第6期，第37—38页。

[19] 刘云高：《云南省核桃产业发展现状及对策分析》，《林业调查规划》2019年第3期，第143—147、151页。

[20] 努尔扫列·吐鲁孙汗：《新疆农机购置补贴工作现状调研》，《新疆农机化》2021年第3期，第40—41页。

[21] 裴新民：《机械化促进新疆林果产业提质增效》，《新疆农机化》2019年第3期，第5—7页。

[22] 任远方、李梓萌、兰颖等：《隔核桃壳灸治疗眼疾的临床研究论述》，《中国民间疗法》2021年第9期，第123—125页。

[23] 石建春、段雅洁、李志刚等：《核桃分心木袋泡茶制作及冲泡工艺》，《食品工业》2020年第6期，第93—97页。

[24] 时羽杰、李晶晶、糜加轩等：《川西不同产地'盐源早'核桃的品质研究及评价》，《四川农业大学学报》2021年第4期，第486—495页。

[25] 史元敏：《四川盆地西南缘山地核桃产业良种化发展现状及对策——以宁南县为例》，《四川林业科技》2019年第4期，第61—65页。

[26] 孙海洋、陈明月：《"一带一路"背景下基于DEA的新疆贸易问题研究》，《河

北企业》2021年第7期,第14—16页。

[27] 王得伟、李平、弋晓康等:《果园施肥工艺流程和相关机械应用现状与发展趋势》,《果树学报》2021年第5期,第792—805页。

[28] 王磊:《南疆林果业发展存在的问题及对策建议》,《新疆林业》2018年第3期,第28—31页。

[29] 吴泊辉:《新疆林果业生产机械化现状及对策分析》,《农机市场》2022年第10期,第57—59页。

[30] 吴万波、陈瑛、熊定伟:《四川核桃属植物种质资源现状与利用思考》,《四川林业科技》2018年第6期,第79—80、91页。

[31] 席婧、蒋志辉:《新疆地区核桃产业发展现状分析》,《现代园艺》2023年第2期,第38—40页。

[32] 新疆维吾尔自治区统计局:《新疆统计公报》,2020年。

[33] 新疆维吾尔自治区统计局、国家统计局新疆调查总队:《新疆统计年鉴2020》,中国统计出版社2020年版。

[34] 徐涵、阚欢、胡祥等:《云南核桃分心木蛋糕加工工艺研究》,《福建农业科技》2020年第10期,第43—48页。

[35] 徐梦婷、李俊、郝艳宾等:《核桃膳食化——从膳食结构需求角度浅析核桃仁全利用》,《食品与发酵工业》2022年,第1—9页。

[36] 许礼清、孙吉正:《一个核桃背后的科研攻坚战》,《中国经营报》2022年6月27日。

[37] 许泽宏、谭建红、张霞等:《核桃外皮天然食用色素的提取与理化性质》,《四川师范大学学报(自然科学版)》2006年第4期,第488—490页。

[38] 于海龙、冯志勇、郭倩等:《核桃加工下脚料栽培刺芹侧耳初探》,《食用菌学报》2011年第2期,第33—35页。

[39] 余振忠、王安民、陈新乐:《推进商洛核桃良种品种化发展的调查与思考》,《陕西林业》2011年第4期,第8页。

[40] 杨莉玲、张绍英、崔宽波等:《射频技术在核桃贮藏虫害处理中的研究进

展》,《新疆农机化》2017年第6期,第21—24、41页。

[41] 虞立霞、姚奎章、夏君霞等:《核桃对发育期小鼠认知功能的改善作用》,《营养学报》2015年第2期,第185—188页。

[42] 张玻、王俊连、侯银堂等:《广元市朝天区乡土核桃种质资源调查研究》,《四川林业科技》2018年第3期,第106—109页。

[43] 张盼盼、褚治强、焦强等:《木本油料副产物加工利用研究进展》,《林产工业》2022年第2期,第63—68页。

[44] 张丽仙、付文林:《华宁县核桃产业良种化发展现状及对策》,《林业调查规划》2010年第1期,第123—125页。

[45] 张亭、杜倩、李勇:《核桃的营养成分及其保健功能的研究进展》,《中国食物与营养》2018年第7期,第64—69页。

[46] 祝前峰、陆荣鉴、刘彬等:《核桃采摘机械研究现状与发展趋势》,《林业和草原机械》2021年第1期,第45—53页。

[47] 朱占江、裴新民、李源等:《新疆林果业机械化发展现状调研与对策研究》,《中国农机化学报》2017年第4期,第134—140页。

后 记

为贯彻落实中共中央、国务院《关于实现巩固拓展脱贫攻坚成果同乡村振兴有效衔接的意见》《关于全面推进乡村振兴加快农业农村现代化的意见》两个文件精神，全面推进乡村振兴，中国乡村发展志愿服务促进会在国家乡村振兴局及有关部委指导下，遴选了产品有特色、发展有空间、带富效果好的南疆核桃产业促进帮扶工作。新疆位于亚欧大陆腹地，地处祖国西北边陲，核桃产量居全国第二位。新疆核桃主要分布在南疆地区，南疆核桃在区域经济发展中具有独特优势和较强的发展基础。在南疆核桃主产区，核桃收入占农民年收入的40%以上，已成为主产区农民脱贫增收的支柱产业。近年来，新疆着力开展林果业提质增效工程建设，南疆核桃在品种选育、栽培技术、精深加工与市场培育等方面都有了较大提升。

《中国南疆核桃产业发展蓝皮书（2022）》（简称《蓝皮书》）是落实国家产业高质量发展战略的重要实践，是发挥乡村振兴优势的具体探索。编写《蓝皮书》旨在更加全面、准确掌握南疆核桃产业发展问题和基本面，分析南疆核桃产业存在问题，探讨南疆核桃产业健康发展的路径与方法，梳理南疆核桃产业现状，以期为产业发展谋篇决策提供参考，促进产业融合发展，培育龙头企业，从而推动地方经济可持续发展，推进乡村振兴。

中国乡村发展志愿服务促进会委托新疆林科院核桃研究团队经过深入调研，参考大多数产业专家的意见和行业共识，依据权威数据，推出了《中国南疆核桃产业发展蓝皮书（2022）》，本蓝皮书总体撰写方案由张强设计，齐建勋、陈永浩负责通稿。各章节撰写人员如下：

第一章，张强（新疆林业科学院经济林研究所研究员、新疆核桃产业体系首席科学家）、齐建勋（北京市农林科学院林业果树研究所核桃研究室主任）、王陈艳（长江大学生命科学学院硕士研究生）；第二章，张强、张赟齐（北京市农林科学院林业果树研究所助理研究员）；第三章，张强、张赟齐；第四章，黄闽敏（新疆林业科学院经济林研究所副研究员）、齐建勋、王陈艳；第五章，黄闽敏、陈永浩（北京市农林科学院林业果树研究所副研究员）、徐梦婷（长江大学生命科学学院硕士研究生）；第六章，宁万军（新疆林业科学院经济林研究所副研究员）、陈永浩、孟盟盟（河北农业大学食品学院硕士研究生）；第七章，宁万军、陈永浩、孟盟盟。

中国乡村发展志愿服务促进会全程指导了蓝皮书撰写工作。在此向蓝皮书统筹规划、篇章写作和参与评审的专家们表示感谢！本书由编委会主任刘永富审核。正是由于大家的辛勤努力和付出，保证了该书能够顺利出版。此外，中国出版集团及研究出版社也对本书给予了高度的重视和热情的支持，在时间紧、任务重、要求高的情况下，为本书的出版付出了大量的精力和心血，在此一并表示衷心的谢意！

希望本书的发布，能够引起政府的关注与支持，使更多人了解和关注南疆核桃产业发展，吸引更多产业链企业加大产业布局，推动核桃产业主要机械设备的研制与更新，协调科研的投入，促进南疆核桃产业高质量发展。

由于水平有限，书中难免存在缺点和不足之处，真诚欢迎专家学者和广大读者批评指正。

本书编写组
2023年6月